D1672115

Lili Schumann
Uwe-Jens Schumann

… *und warum hast du mich weggegeben?*

Ein adoptiertes Mädchen
auf der Suche
nach seiner Familie

Krüger Verlag

Originalausgabe
Erschienen im Krüger Verlag, einem Unternehmen
der S. Fischer Verlag GmbH, Frankfurt am Main
© S. Fischer Verlag GmbH, Frankfurt am Main 2006
Satz: Pinkuin Satz- und Datentechnik, Berlin
Druck und Einband: GGP Media GmbH, Pößneck
Printed in Germany 2006
ISBN-13: 978-3-8105-1939-9
ISBN-10: 3-8105-1939-1

Für Martina und Werner Umberg,
die als Freunde von uns
lebenslänglich bekommen haben –
und für Flö, die Unvergessene

Bücher sind nur dickere Briefe an Freunde
Jean Paul

1. Kapitel

Wenn du ein Kind adoptierst, dann gehst du über die Grenzen deiner Familie hinaus – und die Welt wird deine Familie ...
Ich habe keine Ahnung mehr, wo ich das gelesen habe. Aber jetzt muss ich daran denken. In dem Augenblick, in dem ich eine gewisse Bodenlosigkeit spüre. Da draußen, über den schmalen Bambussteg, der ein paar Meter oberhalb des ruhigen Meers wie ein spitzer Pfeil bis in den Horizont ragt, da geht meine Tochter und muss ihre Seele nach Antworten vermessen, die sie sich nur selbst geben kann: Soll ich jetzt meine Mutter treffen oder nicht? Und: Bin ich mir sicher, dass ich meine Geschwister sehen möchte?
... die Welt wird deine Familie ...
Im Moment denke ich gar nicht so groß, nicht in diesen Dimensionen. Es würde mir durchaus reichen, wenn ich jetzt meine Familie möglichst dicht bei mir hätte, auf Armlänge. Meine Frau. Die Söhne Tom und Sven. Und ganz besonders Lili, die sich da draußen einen Ruheraum für ihre aufgewühlten Gedanken sucht.
Ich komme mir vor, als wenn sie mich ausgeschlossen hätte am Punta Tay-Tay, dem Strand, der vom Wohlklang seines Namens her mehr verheißt, als die Bilder, die man hier sieht, halten können. Ich bin zumindest zeitweilig

weggeschickt aus ihrem Leben. Dabei habe ich ihr selbst den Rat gegeben, sie unterstützt in ihrem Entschluss, suchen zu gehen.

Ich würde am liebsten hinüberlaufen und versuchen, Lili zu trösten. Doch das Risiko ist zu groß, alles falsch zu machen. Nicht nur, dass diese windschiefe Bambusbrücke ins Meer meinem zu hohen Gewicht nachgeben würde. Stärker noch wiegt das Risiko, dass Lili jetzt keinen Lauschangriff auf ihr Herz gebrauchen kann. Erst recht nicht von ihrem Vater.

Weil ich augenblicklich nichts anderes tun kann, mache ich ein paar Fotos von »Lili auf dem Meer«. Durch den Sucher – und trotz des Zooms, der mich ihr scheinbar wieder ein kleines Stückchen näher sein lässt – sieht sie aus wie eine winzige Person, die auf schwankendem Hochseil balanciert. Liliput, fällt mir ein ... aber der Stolz über die Wortschöpfung wird schnell blasser.

Jetzt setzt sie sich hin und versucht, mit den Füßen das Wasser zu erreichen. Um diese frühe Nachmittagszeit herrschen mindestens 45 Grad Celsius – plus 90 Prozent Luftfeuchtigkeit. Und in meinem Kopf brennt dazu der Gedanke: Wie viel Neuorientierung verkraftet so ein junges Leben?

Gut, dass sie mich jetzt nicht sehen kann.

Ich weiß genau, dass mein Papa zu mir rübersieht – und er glaubt, ich merk es nicht. Er irrt sich da immer, aber ich lass ihn halt ...

Eigentlich müsste ich nun an ganz andere Sachen denken, an viel wichtigere. Doch ich kann mich einfach nicht konzentrieren. Die ganzen letzten Tage habe ich gedacht: »Nein, du wirst jetzt während dieser Reise auf keinen Fall

*deine Mutter suchen ... und deine Geschwister auch nicht.«
Ich habe ganz sicher gewusst, dass ich erst beim nächsten
Flug auf die Philippinen nachschauen wollte, ob jemand von
ihnen wieder in Bacolod ist. Obwohl ich mir, seit ich so etwa
neun Jahre alt bin, nichts mehr wünsche, als meine Mutter
zu fragen: »Warum hast du mich damals weggegeben?«
Aber jetzt habe ich irgendwie Angst davor. Eine Scheißangst sogar. Warum soll ich das nicht zugeben?*

*Doch vorhin standen wir vor der Schule in Sum-ag. Mein
Papa wollte unbedingt ein Foto von Mrs. Santander, der
Schulleiterin, und mir machen – zusammen, direkt unter
dem Haupteingang mit dem Schriftzug »Vocational High
School«. Ich hasse es, ständig fotografiert zu werden und
dann noch blöd in der Hitze herumzustehen.*

*»Warum müssen wir das Foto hier draußen machen?«,
habe ich meinen Papa ziemlich genervt gefragt. »Drinnen
ist es viel kühler.« Er sagte bloß: »Es ist doch für dich, zur
Erinnerung, weil dies genau die Stelle ist, wo dich deine
Mutter als Baby an Mrs. Santander übergeben hat.«*

*Ich dachte, mich haut es um – und zwar auf der Stelle.
Natürlich hatte er sie mir schon öfter erzählt, diese ganze
Geschichte, wie meine Mutter mich nicht mehr ernähren
konnte, mich frisch gekämmt hat – und wie sie mich dann
in der Schule an eine Fremde gegeben hat. Aber ich hab
doch in dem Augenblick, in dem wir die Schule besuchten,
überhaupt nicht mehr daran gedacht! Keinen Schimmer ...*

*Hier hat mich meine Mutter abgegeben, als ich ein paar
Tage alt war. Und ich konnte sie bis heute nicht wiedersehen.*

*Ich habe dann von ganz, ganz fern gehört, wie ich sagte:
»Ich möchte jetzt zu dem Haus, wo meine Mutter wohnte.«
Ich habe es nur gehört. Gefühlt habe ich es nicht. Oder*

11

besser: Ich weiß nicht, was ich da gefühlt habe. Ich weiß es auch jetzt noch nicht.

Verdammt, warum komme ich nicht mit den Füßen ins Wasser! Mir ist so heiß!

Was sie jetzt denken mag, meine große Kleine. Bestimmt wälzen sich lauter quälende Gedanken durch ihren Kopf: Wie das ist, wenn sie vor ihrer Mutter stehen sollte, ob sie sie in den Arm nehmen soll oder darf, ob Tränen fließen werden.

Ich habe eigentlich nie so recht darauf geachtet, wie sie ihre Mutter nennt, ich meine die Frau, die unsere jetzt 16 Jahre alte Lili geboren hat. Ob die »richtige«, die »eigentliche«, die »leibliche« oder sonst wie ... Merkwürdig, was einem so alles auf die Großhirnrinde kommt ...

Sicher macht sie sich jetzt auch einen Kopf, ob wir ihre Familie denn tatsächlich finden werden. Ich habe ihr ja nur – quasi im »Vorübergehen« – erzählt, dass ich inzwischen weiß, wo sie lebt. Aber ob sie den Recherchen traut? Die große Brücke auf der Straße vom Flughafen Bacolod nach Sum-ag, dort, wo die kleinen Kinder nackt von der Brüstung in das hellbraune Dreckwasser des Flusses springen und einen Riesenspaß dabei haben. Unter dem hinteren Brückenbogen, in der Nähe der großen Reismühle, beginnt ein ausgedehnter Slum, eine »squatter-area«, wie es hier heißt. Dort steht die Hütte. Sieht von weitem fast ein wenig idyllisch aus, eine Art Pfahlhaus-Dorf – doch wie sagte mir mal Father Joe Coyle, der gute Geist der Homeside-Kinder von Bacolod: »Traue deinen Augen nicht, wenn du glaubst, dass Armut auch etwas Romantisches haben kann, benutze deine Nase. Armut stinkt erbärmlich.«

Gott sei Dank habe ich den Aufenthaltsort der Familie

Sanz schon letzte Woche von einer Sozialarbeiterin ermitteln lassen. Aber da konnte ich es Lili doch nicht sagen, *noch* nicht – unser Versprechen stand, dass einzig und alleine sie auf dieser Reise zu ihren fernen Wurzeln bestimmt, was oder wen sie sehen will. Ohne jeden Druck. Großes Ehrenwort, drei Kreuzchen. Das war Lilis Bedingung vor unserem Flug nach Bacolod.

Ich muss endlich wissen, was ich will. Ich bin schließlich schon 16. Papa steht immer noch am Strand und röstet vor sich hin. Da hilft auch sein weißer Hut nicht viel. Lobsterrot steht ihm überhaupt nicht.

Das geht hier nicht so weiter. Salvi sitzt im Auto, mit Rona. Die beiden sind richtige Freundinnen von mir geworden – obwohl die eine schon etwas älter ist als 70 (aber so unheimlich jung und modern im Kopf!). Und Josephus, der liebe Josephus guckt sich da hinten ganz intensiv eine Strandhütte an, als ob es da wirklich etwas Besonderes zu sehen gäbe. Vorhin hat er noch zu mir gesagt:»Lili, du wirst in jedem Fall das Richtige machen. Du musst nur daran glauben.« Man merkt immer noch stark, dass er mal auf ein Priesterseminar gegangen ist.

Ich weiß, was ich mache. Ich stehe jetzt auf und gehe zurück. Und wenn ich bei Papa bin, dann habe ich die Lösung. Basta.

Und ... was ist, wenn ich sie nicht habe?

Lili kommt. Was sie wohl sagen wird?

Es ist gnadenlos, mit ansehen zu müssen, wie sie mit ihrer Fassungslosigkeit kämpft. Ja, man spürt es deutlich ... auch über die Entfernung bis zum Bambussteg hinweg. Hoffentlich fällt sie mir nicht ins Wasser!

Wenn ich sie wenigstens gleich in den Arm nehmen dürfte, sobald sie wieder bei mir ist. Aber das geht nicht, sie will in diesem Moment keinen so direkten Trost. So ist sie. Da kannst du als Vater so viel kaputtmachen. Es war schon immer so mit ihr: Ein Funke gerät zum Flächenbrand. Etwas Falsches zu machen ist aber das Letzte, was ich möchte.

Wenn wenigstens der Schweiß nicht so in den Augen brennen würde. Kann mal irgendjemand hier in diesem Land die Heizung abstellen? Auf den Philippinen sieht man nach fünf Minuten in der Sonne immer so aus, als ob einen gerade jemand aus der Waschmaschine gezogen hätte, aber vor dem Schleudergang!

Hör jetzt auf, dir tausend Gedanken zu machen, du hast es ja nicht in der Hand, eine Option zu ziehen. Du wusstest im Übrigen immer, dass du mal vor dieser Situation stehen wirst. Und nun benimmst du dich, als würdest du am liebsten den Stecker ziehen. Gott sei Dank kann es dir Lili nicht ansehen. Oder kann sie doch? Reiß dich zusammen … nichts ist für immer. Und im Vergleich zu dem Persönchen, das da auf dich zukommt, bist du nun wirklich überhaupt nicht wichtig.

Ist Lili mir eigentlich jemals *noch* näher gewesen als jetzt? Gott sei Dank, sie weint nicht! Hallo, Lili!

2. Kapitel

München, in den letzten Augusttagen. Vom endgültigen »Okay, wir fahren« bis zum Abflug nach Manila sind es genau fünf Tage.

Warum so übereilt?

Lili hat – Kompromisse zählten noch nie zu ihren Stärken – schon einmal die für sie so wichtige Reise auf die Philippinen abgesagt. Da war sie 14 Jahre alt. Zwei Jahre zuvor hatten wir ihr mit Ferien in Hongkong und Vietnam ein erstes »Reinschmecken« in ihren asiatischen Heimatkontinent verschafft. Nun wollten wir alle Mann/Frau hoch mit ihr nach Bacolod auf die Insel Negros reisen, eine Flugstunde südlich von Manila.

Doch wenige Wochen vor Ferienbeginn blies Lili aus scheinbar heiterem Himmel das Unternehmen »Vorwärts in die Vergangenheit« ab. »Ich mag nicht mehr fahren«, eröffnete sie uns daheim beim Mittagstisch.

»Ja, warum denn bloß nicht, Lili?«

»Weil ...«

Wenn Lili Bammel vor dem bloßgelegten Menschsein hat, dann ist von jeher selten mehr aus ihr herauszukriegen als ein patzig angesetztes »weil ...«

Aber wir konnten uns selbst denken, was mit ihr passiert war: Sie hatte Angst vor den Begegnungen mit den fehlenden Bausteinen ihrer Biographie, sie war skeptisch, ob sie es schon verkraften würde, ihren verschwommenen Phantasiebildern nun die Realität entgegenzusetzen. Die Mutter auf den Philippinen, die Geschwister, von denen sie genauso wenig wie wir eine Ahnung hatte, ob es sich um Schwestern oder Brüder handelt. Lilis sicher oft durchgespielte Vorstellung, wie so ein Wiedersehen ausfallen könnte, wollte noch nicht von der Wirklichkeit abgelöst werden. In diesem sonst so starken bis gelegentlich trotzigstrengen Persönchen Lilian Marie Josephine, genannt Lili, baute sich ein Minenfeld von Unsicherheiten auf.

Weil …

Ich weiß es noch genau: Ich war gerade mal neun Jahre alt, als ich so richtig den Wunsch hatte, ganz spontan auf die Philippinen zu fliegen. Ich dachte wenigstens, dass es mein Wunsch war. Ich wollte meine Familie suchen. Von jetzt auf gleich.

Ich hatte Krach bekommen mit meinen Eltern in München. Der Grund? Ich habe keinen Plan mehr, so furchtbar schlimm kann es also nicht gewesen sein, obwohl ich es damals sicher ganz dramatisch nahm. Ich befinde mich nämlich ziemlich schnell im Ausnahmezustand, so sagt wenigstens die Mama.

Ich fühlte mich also gekränkt, zu Unrecht schlecht behandelt, doch vielleicht war ich mir auch gar nicht ganz sicher, ob ich bei diesem ganzen Quatsch Recht hatte oder nicht. (Dieses Gefühl habe ich häufiger nach einem Krach – verraten werde ich das natürlich niemandem.)

Ich stellte mir gerne vor, dass ich gehen würde, dass meine Brüder Tom und Sveni weinen würden – meine El-

16

tern sowieso –, weil sie mich schlecht behandelt hatten. Aber ich wäre fort! Aus, Äpfel, Amen – das hatten sie davon, die ganzen Ignoranten. Und alle mussten natürlich so richtig schön traurig sein, weil dieses tolle Mädchen Lili zurückgegangen war nach Bacolod. Das gefiel mir nicht schlecht.

Wahrscheinlich habe ich noch mein patziges »Ich hasse euch« gesagt, weil ich das damals für die beste Waffe der Welt hielt. Jedenfalls bin ich an meinen Schrank im Flur gegangen und habe mir schon mal einen Koffer ausgesucht, der mich auf meinen so tragischen Abgang in die »erste Heimat«, wie eine Lehrerin in der Grundschule immer sagte, begleiten sollte. Erste Heimat – ich fand das immer reichlich blöde, weil ich ja außer einem großen Bilderbuch über Bacolod keine Ahnung hatte, wie es dort überhaupt aussieht.

Klar, ich bin nicht geflogen. Ich habe nicht mal einen Koffer gepackt. Ich glaube, dass ich nach einer Stunde sogar nicht mehr wusste, warum ich abhauen wollte. Aber solch ein Wunsch tat mir immer ganz gut, weil ich mir dann nicht mehr so alleine vorkam, wenn ich mich unfair behandelt fühlte …

Und dann stand ich fünf Jahre später wirklich kurz vor der Reise nach Bacolod – und zwar mit meiner ganzen Familie, wie mir mein Papa ankündigte. Ich war aufgeregt, wie ich es gar nicht beschreiben kann. Und ich habe mich zuerst gefreut wie auf sonst nichts. Schon in Vietnam hatte ich immer gedacht: Nur ein bis zwei Stunden mit dem Flugzeug ungefähr da lang – ich wusste ja nicht genau, in welche Himmelsrichtung –, und du bist dort, wohin du dich so oft geträumt hast. (O Gott, klingt das kitschig!)

Doch es ist etwas anderes, ob man sich nur etwas

wünscht oder ob man es nach langer Zeit wirklich bekommen soll!

Wir fliegen auf die Philippinen, hatte Papa gesagt. Doch je näher der Tag kam, umso komischer wurde mir. Verlange jetzt bitte keiner von mir, dass ich sage, warum ich es schon sehr bald nicht mehr wollte – es war eben so. Ich wollte einfach noch nicht hin. Mir war sogar schlecht, wenn ich nur daran dachte.

Wir fuhren nicht. Und niemand von uns, Lilis Münchner Familie, gab so richtig zu, wie erleichtert er darüber war. Wir mussten uns noch nicht der ganzen Emotionalität der Situation stellen, wenn unser Nesthäkchen in die Spuren seiner Herkunft eintauchen würde. Wir konnten die Schmetterlingsgefühle zwischen Aufgeregtsein und Mulmigkeit, die solche Aussichten produzieren, beruhigt und genährt von einer guten Entschuldigung – *Lili* will ja nicht – zurück in die Schublade legen, in die man so gerne Belastendes verbannt.

Es war die ewige Frage, die von Freunden genauso wie von Menschen an unserer Peripherie gestellt wurde: »Und wie werdet ihr reagieren, wenn Lili eines Tages ihre leibliche Familie suchen will? Habt ihr keine Angst davor, dass sie dann ganz auf den Philippinen bleiben möchte?«

Wie sollen wir denn wohl schon reagieren? Eine solche Annäherung ist ja bei jeder Adoption mit »eingebaut«. Wer dem nicht standhalten kann, nun, der ... Aber so leicht ist es wiederum auch nicht: Man selbst trägt dieses flaue Gefühl ja mit sich herum, meistens eingesperrt in den Hinterkopf, selten heftiger werdend. Natürlich stört es einen, wenn andere einen mit der Nase darauf stoßen wollen (die sie – wie man sich ungerechterweise nicht selten sagt – in eigene Dinge stecken sollten). Uns schien schließlich und ohne tiefschürfende Gespräche klar: Einzig Lilis Entscheidung in dieser Frage kann Maßstab sein. Alles andere haben wir nicht in der Hand (wie ja auch die erwachsenen Entscheidungen unserer Söhne nicht).

Dennoch: Die Fragezeichen in dieser Hinsicht beschäftigen, ja, begleiten einen, ganz klar. Aber *Angst?* Man kann sich auch zu Tode fürchten.

Nun, sagten wir uns zudem mit der bewährten Technik, ein Problem ins Später zu entsorgen, nun, Lilis Familie wäre ja sowieso kaum in Bacolod aufzutreiben gewesen. Der Vater war schon drei Monate vor Lilis Geburt gestorben, das wussten wir aus einem Bericht unserer Freundin Salvacion Tinsay, die Lili acht Monate in ihrem Haus betreute, bis wir das Bündel Baby endlich zu uns nach Deutschland holen konnten. Lilis Mutter soll – so wollte es einer von Salvacions Mitarbeitern gehört haben – mit ihren Kindern eines Tages nach Manila gegangen sein, gleich nachdem sie das Baby Lili in die Obhut der Sum-ag-Schule gegeben hatte, weil sie es nicht mehr ernähren konnte. Und in der düsteren Metropole Manila, das wusste ich von früheren Reisen, wurden viele auf ihrer Suche nach dem kleinen Glück von dem Millionenheer der Hoffnungslosen im Slum Tondo einfach verschluckt – unauffindbar.

Wir hatten also Aufschub bekommen – Lili würde größer, aufnahmefähiger, verständiger sein, wenn sie sich eines Tages *doch* für die Reise nach Bacolod entschied.

Und nun bleiben uns konkret nur noch ganze fünf Tage, um mit diesem Zustand des Aufgescheuchtseins fertig zu werden. Wir haben immer wieder davon gesprochen, dass es für Lili an der Zeit wäre, den wurzellosen Phantasien ihrer Herkunft konkrete Bilder zu geben. Doch so recht

19

trauen wir uns nicht, die Reise nach Bacolod längerfristig zu planen – Lili ist jederzeit in der Lage, wieder einen Rückzieher zu machen.

Doch jetzt, in diesem schönen Hochsommer, geht alles sehr schnell. Wir glauben sämtliche günstigen Koordinaten zu sehen, die einen sehr baldigen Aufbruch empfehlen. Es sind die großen Schulferien – ein so ideales Zeitfenster tut sich uns erst wieder in einem Jahr auf. Lili spricht immer häufiger, drängender davon, Freunde wie Salvacion Tinsay oder deren Enkel Jed (die Monate vorher bei uns in München zu Gast waren) besuchen zu wollen. »Meine Leute«, so nennt sie sie einmal. Es ist sehr schnell offensichtlich, dass sich Lili nun zu anderen Philippinos hingezogen fühlt. »Natürlich, das steckt in den Genen«, sage ich – und handele mir dabei einen Tadel unserer Freundin Leili ein, einer Psychologin. Nein, meint sie, für ein Mädchen, das bereits vor dem ersten Geburtstag hierher nach Deutschland gekommen ist, spielen solche »asiatischen Bezüge« keine so große Rolle, man könne sogar davon ausgehen, dass solcherlei »philippinisches Erbgut« in ihren Gewohnheiten heute annähernd verschwunden sei. Unsere Debatte darüber wurde heftiger: Und wie kommt es, lautet unser Hauptargument, dass Lili beispielsweise zum Frühstück am liebsten Fisch und Reis zu sich nimmt? In unserer Restfamilie – bei der ersten Mahlzeit des Tages eher marmeladenorientiert – löst Makrele oder auch nur Forelle als Frühstück kaum Begeisterung aus!

Zurück zu unseren Flugplänen: Der wichtigste, der überzeugendste Grund, nun fast aus dem Stand nach Bacolod zu reisen, ist Lilis momentane Gemütslage: Selten war sie über einen so langen Zeitraum derart fröhlich, unbekümmert, ausgeglichen gewesen. Auf Wolke sieben dieses

Hochs würde sie das auf sie Zukommende noch am besten verkraften. So haben wir es uns dann eingeredet.

Die Flüge sind gebucht – Lili und ich fahren alleine. »Vielleicht ist es am besten so«, sagt Soldi, meine Frau, »du hast Lili damals von den Philippinen geholt, du kennst dich dort am besten aus. Und ich glaube, dass es euch gut tun wird, auch ein schönes Stück Zeit einmal ganz für euch alleine zu haben.« Da sie in so vielem den besseren Überblick besitzt, von guter Voraussicht ganz zu schweigen, verlangte das bei mir nicht unbedingt nach starkem Widerspruch.

Soldi sagt auch: »Man kriegt richtig Herzklopfen, wenn man nur dran denkt, dass ihr losfahrt, wie wichtig doch diese Reise für unsere Lili ist. Aber ich bin sicher: Ihr kriegt das hin.«

Ich würde dennoch etwas drum geben, wenn ich das Epizentrum dieser Reise schon hinter mir hätte!

E-Mails jagen durch den Äther hin und her, zwischen München und Bacolod, Bacolod und München: Surprise, surprise, wir kommen!

Antwort: Mabuhay! (Das heißt: willkommen!) Aber es ist Monsun-Zeit, bedenkt das. Es regnet wie aus Eimern, Tornados brauen sich über dem Meer zusammen, es ist unerträglich heiß. Wollt ihr nicht lieber im Oktober kommen, da sind die Wetterbedingungen wesentlich günstiger, und wir haben das farbenprächtige Maskara-Fest, alles tanzt in phantasievollen Kostümen auf den Straßen …

Mail nach Bacolod: Egal, unsere Pläne stehen! Wir rücken euch auf den Pelz. Wenn wir darauf warten, dass alles hundertprozentig passt, dann schaffen wir es nie bis Negros. Und ganz nebenbei: Ich tanze so aufregend wie ein Kühlschrank.

21

Antwort: Okay, okay … happy trip! Wir umarmen euch! Wann landet ihr? Wir werden mit einem größeren Empfangskomitee an den Flughafen kommen.

Am Anfang habe ich mich ja wirklich mega gefreut … auf die Philippinen! Bei mir in der Klasse haben die ja noch keine Ahnung … was die für Gesichter machen werden.

»Lili«, haben sie mich gefragt, »wo fährst du in den Sommerferien hin?« Ich hatte keinen Plan … vielleicht ein paar Tage mit meiner Freundin Julchen nach Italien, kann sein, dass auch der David mitdarf. Mal sehen, was ich auf die Reihe kriege. Und nun fliege ich nach Bacolod, um die halbe Welt – voll krass.

Ich weiß natürlich sehr genau, wo das ist – dafür hab ich ja einen Atlas. Doch wenn man dann plötzlich hinfliegen soll (o klasse, an Bord zeigen sie sicher gleich zwei Filme – bei 16 Stunden Flugzeit!), dann kommt einem das so unheimlich unwirklich vor. Richtig komisch: Lili fliegt nach Bacolod …

O Scheiße: Und was mache ich, wenn die mich mit meinem blöden Schul-Englisch gar nicht verstehen? Und von ihrem Ilongo habe ich keinen blassen Schimmer, direkt Null.

Gestern Abend haben wir noch lange im Wohnzimmer gesessen und gequatscht, die Mama, der Papa und ich. Sie haben mir hoch und heilig geschworen, dass ich in Bacolod nichts machen muss, was ich nicht will. Überhaupt nichts. Ich habe sie darum gebeten. Papa hat gesagt, dass er nur mein Reisebegleiter ist, so eine Art Fremdenführer, weil er ja schon 15-mal in Bacolod war. Und ich würde so eine Art Chef sein – das hört sich gut an. Und Mama sagte – das fand ich richtig süß von ihr –,

dass es sowieso besser für mich wäre, wenn ich erst ein-
mal so einen guten Plan von Bacolod bekommen könnte,
einen möglichst guten Eindruck, damit ich immer wieder
gerne hinfliege. Ich solle einfach tun, was mir Spaß macht,
und dann könnte ich ja beim nächsten Mal sehen, ob ich
ein paar Leute finde, mit denen ich verwandt bin. Es wer-
den ja wohl noch einige in San Sebastian Subdivision sein
(so heißt das, wo ich herkomme, es steht auch in meiner
Geburtsurkunde).

Ich war ganz schön erleichtert. Ich will nämlich nicht so
einen Quatsch erleben, dass ich plötzlich vor was ganz Un-
coolem stehe.

Lieber noch hätte ich aber mit meinen beiden Brüdern
über die Reise gesprochen. Doch Tom – er ist 22 – wohnt
mit seiner Annett in Berlin, weil er da studiert. Ich rufe ihn
zwar manchmal an, aber das ist ja doch nicht das Gleiche,
als wenn wir uns in mein Zimmer setzen und so richtig mit-
einander reden (da ist er wirklich der Allerbeste!). Und Sveni?
Der hat sich, bevor er sein Abitur machen muss, mit seinem
Freund Simon zum Backpacking nach Asien abgesetzt – für
sechs Wochen, der Saukerl! Von Strand zu Strand – absolut
cool. Ich habe schon auf die Karte geschaut, ob ich ihn dort
nicht auf meiner Reise besuchen kann. Aber Thailand, Laos
und Burma liegen woanders als die Philippinen. Ich werde
wohl über ihn wegfliegen. Mist!

Ich besitze ein prächtiges Talent, meine Tochter auffällig
unauffällig aus den Augenwinkeln zu beobachten. Wenn
Lili mich doch dabei erwischt, muss ich mir sofort eine mit
Zickencharme vorgetragene Standpauke anhören: »Papa,
du bist total peinlich, weißt du das …« Mag sein (ich *muss*
peinlich sein, ich bin ja ihr Vater), aber mich treibt es eben

23

um: Was mag sie denken? Wie steht es um ihre Nehmer-Qualitäten? Wie erdenschwer, tiefgründelnd sind ihre Gedanken jetzt wohl? Meine arme Kleine ... Oder verdrängt sie das »cool«, was diese Reise doch problematischer macht als andere? Ich würde einiges drum geben, Näheres herauszufinden.

Doch das kann ich mir sparen. Gerade sagt Lili: »Papa, du Armer, du wirst eine Menge mit mir in Bacolod zum Einkaufen gehen müssen. Es soll dort ja alles so krass billig sein.«

Unser Abflugtag. Ich komm kaum noch vom Klo runter. Papa hat gesagt, ich sei wegen meines Reisefiebers wie ein Boxer, der weiß, dass er gleich in den Ring gehen muss. Und der Michael Schumacher würde auch immer erst noch aufs Klo gehen, bevor er sich in seinen Formel-1-Ferrari setzt ...

Papa spinnt ganz schön. Aber er hat auch Recht. Irgendwie haut mir die Reise auf den Magen. Ich würde viel lieber schon im Flugzeug sitzen und Filme gucken.

David ist gekommen. David ist mein Freund, schon seit fast einem Jahr. Er sieht heute besonders blass aus, was er eh meistens tut (es steht ihm aber). Das kann daran liegen, dass er nicht weiß, ob ich die Jungens auf den Philippinen gut finde – ich weiß es ja selbst noch nicht. Ich kenne nur den Jed Jalandoni, und der ist verdammt zu jung. David ist mächtig eifersüchtig. Das mag ich, wenigstens manchmal. Und manchmal nervts eben gewaltig.

Papa sagt, dass ich eine chinesische Hexe bin – kann schon sein. Unsere Freundin Helga hat ihm allerdings verboten, mich so zu nennen, weil man das zu einem adoptierten Kind nicht sagen darf. Als wenn wir extraweiche

Hühner wären! Da haben mich andere schon ganz anders genannt.

Ich muss hier kurz einhaken – mit Lilis gnädiger Duldung, die ich mir nachträglich abhole: »Mach mal – aber eigentlich langweilt das doch.« Nun, wie man's nimmt. Adoption ist nun mal kein weichgespültes Kinderspiel – sie hat auch ihre äußerst harten Seiten. Der Mann in der Münchner S-Bahn, der mit bohrendem Finger auf die kleine Lili zeigte, die auf dem Schoß ihrer Mami saß. »Bring doch das Bankert zurück, wo's herkommt, wir brauchen so was Ausländisches hier nicht!«, brüllte der deftige Bayer. Und keiner der Umsitzenden stand meiner verdatterten Frau bei. Oder der Team-»Kamerad« aus Lilis Tennis-Verein, der sie nach dem Match gegen einen anderen Verein zum Pommesfrites-Holen losschicken wollte: »Bei uns gehen immer die Bimbos, das sind unsere Diener.« Lili gab dem Jung-Idioten, der so etwas wohl nur von seinen Alt-Idioten haben konnte, die einzig richtige Antwort: Beim nächsten Match gegeneinander – es ging um die Vereinsmeisterschaft – verpasste sie ihm im Spiel die Höchststrafe. Der junge Mann bewässerte den Platz, und zwar mit seinen Tränen.

Lili ist stabil, dennoch kann keiner von uns sagen, auf welche Schicht solche Unsäglichkeiten treffen. Wir geben ihr so gut es geht Feuerschutz, aber niemand kann immer ihr Geländer sein.

David will mit zum Flughafen. Papa hat eigentlich etwas dagegen. Er sagt, er hasst Abschiede und Weggebrachtwerden wie die Pest. Das hätte so was Wehleidiges. Aber er hat sich auch nicht dagegen wehren können, dass uns die Mama zum Flughafen fährt – also kommt David mit, basta. *Wir haben uns hinten ins Auto gesetzt, und er hat meine Hand gehalten. Seine Hand war ziemlich kalt. Ja mei, wegen zwölf Tagen …*

Am Flughafen geht dann alles ganz schnell. Papa meint, die Mama könne nicht einfach so vor dem Abfluggebäude B parken, da würde sofort die Polizei kommen und unser Autokennzeichen aufschreiben. Und die Parkhäuser wären um diese Zeit sowieso absolut voll. Er gibt Mama schnell einen Kuss, schubst mich dann in ihre Arme, damit sie mich auch noch küssen kann. Auch der David hat von mir noch irgendwie einen Kuss gekriegt. Als er dem Papa noch sagen will, dass der doch ja gut auf mich aufpassen soll, sitzt David schon wieder in unserem Auto, und Mama fährt los.

Und weg sind sie. Ist vielleicht auch ganz gut so, dann riskiert auch garantiert keiner eine dämliche Heulerei. Das hasse ich nämlich auch …

Nach dem Einchecken nimmt mich Papa mit in die Lufthansa-Lounge, er hat dafür so eine Karte. Geil, wie steif es da zugeht. Jeder hält sich für was Wichtiges, und wenn du einen Tick lauter bist, dann schauen die dich an, als ob du in der Kirche Witze erzählt hättest.

Ich hab jetzt einen Hunger, dass es nur so knallt. Aber alles, was die da haben, sind trockene Plätzchen und ziemlich labbrige Fruchtgummidinger. Von denen esse ich schon an der Theke eine ganze Hand voll – ich habe ja wirklich so einen verdammt krassen Hunger. Und Papa muss ja nicht gleich sehen, wie ich reinhaue.

Ich glaube, mir ist schlecht. Ich will aber nicht raus auf die Toilette, weil ich dann an den Frauen in Uniform vorbei muss, denen das Ticket vorzeigen. Und ob die mich einfach so wieder reinlassen … ich weiß nicht. Hier ist doch

jeder zwischen 50 und scheintot (das sind Papas Sprü-
che!).
   Mann, wann geht denn endlich die Maschine ...

Von außen betrachtet macht Lili eigentlich einen guten
Eindruck. Wenn sie sich schon händeweise mit so Gummi-
zeugs voll stopft, dann kann's ja nicht allzu weit her sein
mit dem Magensausen. Hoffentlich verkleistert sie sich nicht
den ganzen Appetit. Sie hat sich so sehr darauf gefreut, im
Flugzeug zu essen.

   Mir kommen die Bilder in Erinnerung, wie ich zum
ersten Mal mit Lili in einer LH-Lounge war – Zwischen-
station auf dem Weg von Manila nach München. Das ist
fast 16 Jahre her. Diese konsternierten oder von Herab-
lassung geprägten Blicke der Business-Blaufräcke, die sich
an jenem Novembermorgen des Jahres 1986 in der sterilen
Abgeschiedenheit des Vielflieger-Bereichs sammelten, um
zu ihren wichtigen Terminen zu jetten. Und dann dringt
in ihren Kreis so ein tropisch durchgeschwitzter Mensch
männlichen Geschlechts ein, in Freizeit-Kluft, die jedem
Lounge-Dresscode Hohn spricht. Und einen aus Bast und
Bambus gefertigten Riesen-Babykorb schleppt der Kerl
auch noch mit. Völlig missbraucht wird das gediegene Jet-
Set-Ambiente, als dieser Mensch von irgendwo auch noch
ein Baby aus dem Korbungetüm hervorholt und – sho-
cking! – auf dem hintersten Tisch am schlummernden
Kleinkinde die Pampers-Klebestreifen löst ... *Hilfe, ein
Kinderschänder!*

   Es war nicht unbedingt damit zu rechnen, dass Lili, damals auf den Tag neun Monate alt, genau in diesem Augenblick die anrüchige Hinterlassenschaft ihrer vorerst letzten
original asiatischen Mahlzeit südwärts ihrem Ausgang zu

drückte. Von welchem phonstarken Geräusch – dem Nebelhorn eines Schleppers im Hamburger Hafen nicht unähnlich – dies begleitet wurde, ist mir unvergesslich geblieben. Gewappnet sein konnte ich damals nicht – Lili und ich, wir waren ja erst seit 18 Flugstunden so dicht beieinander, da hatte ich mich auf ihre manchmal so ungezwungene Art noch nicht eingestellt.

Als ich damals in dieser Lounge in die Gesichter der peinlich Berührten sah, wusste ich, dass auch im Unglück eine Menge Komik liegen kann. Und mein Lachen (Baby Lili schloss sich bald an) war an jenem Ort die wirklich freundlichste Art, den Reise-Snobs die Zähne zu zeigen.

Zurück in die Gegenwart: Endlich kommt jetzt der Aufruf für unsere Maschine, die uns erst einmal nach Frankfurt bringen muss, wo wir dann in den Flieger nach Manila verfrachtet werden. Komm, Lili, wir müssen los!

Gut gesagt, wir müssen los … mir ist kotzschlecht. Ich habe die ganze letzte Nacht nicht geschlafen, dann der Haufen Gummibärchen, den mir David zum Abschied geschenkt hat … und jetzt hier noch dieses Labberzeug. Aber ich hatte doch so einen Hunger. Und ich darf nachher in Frankfurt nicht vergessen, den David noch auf dem Handy anzurufen … Und die Mami … Und den Pu-Yi, meinen Hund … Und dem Tom hatte ich auch versprochen, mich noch mal bei ihm in Berlin zu melden …

Mann, es langweilt mich, ist mir schlecht … ich ess nie wieder Gummibärchen … ich schwör's.

Wird Zeit, dass wir losfliegen. Ein bisschen grün um die Nase sieht sie schon aus, meine Kleine. Es wird die Aufregung sein. Kunststück.

Was hat Soldi vorhin gesagt? »Ihr kriegt das schon hin ...« Sicher. Wir haben gar keine mulmigen Gefühle. Und das reden wir uns ganz fest ein.

3. Kapitel

Alles kommt zu dem, der warten kann, so sagt ein Sprichwort, das sich wohl an eher Ungeduldige wie mich wendet.

Das Abendessen – Dinner wäre in der Holzklasse wohl zu hoch gegriffen – wird auf dem Flug LH 346 von Frankfurt/Main über Bangkok nach Manila gegen 23.10 Uhr serviert. Oder sagen wir mal so: Es wird auf den Klapptisch vor einem geschoben.

Angesichts der Portion Curry-Huhn (warum bloß glaubt jede Airline, die ostwärts fliegt, einem damit eine besondere Gaumenfreude zu bereiten?) wird mir besonders bewusst, dass der von uns gewählte Carrier einen außerordentlich mageren Kranich im Firmenwappen führt. Nun, wer derart am Ticketpreis gespart hat wie wir, verdient offensichtlich nichts anderes, als im Fluge seiner gerechten Bestrafung zugeführt zu werden. Ich würde mich dennoch glatt zum Protest erheben – allerdings bin ich mit meinen 1,93 Metern (selber schuld!) derart in den »Sessel« geschraubt, dass meine Knie die Nieren des Vordermannes abtasten können. Ein zweites Mal schaffe ich es wohl nicht, mich so absonderlich zusammenzufalten. Außerdem bin ich reichlich damit beschäftigt, mir als notorischem, weil männlichem Hypochonder die Sache mit der Flug-Thrombose auszureden. Ich *hasse* es!

Wenn Papa fliegt und den falschen Platz hat, dann ist er nicht mal mit Senf zu genießen. Das kennen wir ja in der Familie. Ich finde es toll hier oben – auch wenn ich vorhin lange darüber nachdenken musste, wie so ein wahnsinnig schweres Ding wie dieses Flugzeug es bloß schafft, so lange in der Luft zu bleiben.

Flugangst habe ich aber keine. Papa hat mich früher mal mit einem seiner Sprüche beruhigt:»Ganz bestimmt: Es werden mehr Menschen von Eselstritten getötet, als bei Flugzeugunglücken ums Leben kommen.« Papa lügt gerne mit Statistik.

Ich wollte unbedingt einen Fensterplatz – und Papa braucht seinen Sitz am Gang, sonst ist er noch schlechter drauf. Zwischen uns sitzt in dem völlig ausgebuchten Jumbo also eine Chinesin, die sich mit einem grässlich süßen Parfüm eingesprüht hat, ätzend. Ist egal, ich habe sowieso keinen Hunger mehr. Die Chinesin hat ihren Mantel anbehalten und hält ihre Handtasche auf dem Schoß fest, als ob die jemand klauen wollte. Ich glaube, wir waren noch gar nicht gestartet, als sie schon geschnarcht hat. So was hab ich noch nicht gesehen …

Vorhin hat der Kapitän durchgegeben, über welche Länder wir fliegen: Türkei, Turkmenistan, Afghanistan, Burma, Thailand, Kambodscha, Vietnam …

Afghanistan … heute Nacht … irgendwo da unten … Ich weiß noch, wie ich Angst hatte, dass der Krieg auch zu uns kommen könnte … Und nachher, so in zwei, drei Stunden, ist das Land direkt da unter mir. Leider ist es dann wohl stockdunkel. Irgendwie aufregend … und irgendwie auch ein komisches Gefühl ... Aber ich war ja auch schon in Vietnam, wo es mal Krieg gab. Davon hat man auf unserer Reise nur noch ganz wenig gesehen. Mal eine kaputte Brücke und ein paar alte Panzer im Bambuswald ... Ich glaube, wenn ein Land so schön ist, dann sieht man einfach weniger davon, wie schlimm der Krieg war.

Die Chinesin neben uns – ich schätze mal Rotlichtviertel Singapur – hat aufgestäubt, dass die halbe Economy-Klasse benebelt in den Seilen hängt. Mein Berliner Freund Wolfgang, der einen Hang hat, die Dinge stets sehr direkt anzusprechen, würde jetzt sagen: »Det Parfüm is einwandfrei Marke marokkanischer Hundepuff, weeste.« Und ihr Schnarchen ist auch nicht gerade von christlicher Nächstenliebe geprägt.

Gott sei Dank ist Lili jetzt eingeschlafen. Es hat doch einiges für sich, wenn man nicht so dermaßen lang geraten ist. Sie hat die Beine auf den Sitz gezogen, sich den zusammengewurstelten Pulli in den Nacken geschoben und die rechte Schläfe zum besseren Halt gegen die Plastikverkleidung des Jet-Bullauges gelehnt.

Ich sehe Lili eine Weile dabei zu, wie sie ruhig atmet. Vielleicht macht mich das auch schläfrig. Viel bleibt einem ja nicht übrig in diesem abgedunkelten fliegenden Schlafzimmer. Der Bordfilm (irgendwas mit Kevin Kline, der ständig sehr dramatisch gucken muss – ich hasse Ohrenstöpsel) lohnt nicht, die Augen offen zu halten. Der letzte Gin Tonic hat nicht die Wirkung gebracht, die ich mir erhofft hatte. Und Suzie Wong neben mir parfümisiert immer noch vor sich hin.

Ich könnte das Licht schräg rechts oberhalb meines Kopfes anmachen, aber dazu müsste ich mich erst einmal aus dem Sitz wuchten, um dann mit einigermaßen Glück den richtigen Knopf in der linken Seitenlehne zu erwischen (wie ich mich kenne, ist es dann der Alarmknopf für die Stewardess). Und der Dank für die ganze aufwendige Aktion ist dann ein dünner Lichtstrahl, der nicht mal die Seitenzahl meines Buches richtig ausleuchtet. Da entwickele ich doch lieber eine sonst bei mir ungewohnte Neigung zur Stille und hänge den Gedanken nach ...

Als ich Lili damals mit ihren neun Monaten nach Deutschland brachte, da genossen wir im Flugzeug noch einen ganz anderen Service. Ständig schaute einer dieser uniformierten Engel bei uns vorbei und fragte, ob er nicht etwas für das Baby im Riesenkorb zu meinen Füßen tun könne. Fläschchen, Deckchen, Spielzeugchen, Sonstwaschen ...

Allerdings: Die schmucke Stewardess dachte gar nicht daran, die Fragen an mich zu richten. Sie wandte sich mit geradezu giftiger Hartnäckigkeit an eine blutjunge, hinreißend schüchterne Vietnamesin oder Mongolin oder Laotin, die zu ihrem Unglück neben mir platziert war und – mangels Grundkenntnissen in der englischen Sprache – erst schnatternd, dann fast schmetternd mit heimatlichem Zungenschlag sämtliche Ansinnen zurückwies, mit diesem Baby (und erst recht mit dessen Vater) jemals etwas zu tun gehabt zu haben. Es dauerte etwa zwei von mir leidlich vollzogene Windelwechsel an dem Baby Lilian Marie Josephine, bis die besorgt-bemühte Flugbegleiterin endlich begriff, dass sie falsche Verwandtschaften herstellte – was man ihr nachsehen musste, denn ich hielt mich erst einmal aus allem raus, weil so viel unbeabsichtigte Komik einen hohen Unterhaltungswert besitzt ...

Warum hatten wir überhaupt ein Kind adoptieren wollen? Gab es dafür irgendeinen Auslöser? Nein, es ist wohl die Summe von vielem gewesen, was man so im Einzelnen kaum als taugliches Beispiel aufzählen könnte. Gut, einer der wichtigsten Faktoren wird wohl gewesen sein, dass ich bei mehreren Reisen auf die Philippinen mit unbeschreiblichem Leid und Elend der Kinder, hauptsächlich der Kinder, konfrontiert war. Halbwüchsige, die sich ihr bisschen Essen aus qualmenden Müllbergen herausklauben mussten. Kinder von vier, fünf Jahren, die versteckt im Schatten der nächtlichen Straßen schliefen, gänzlich sich selbst überlassen, hoffnungslos, ausgetopft von der Gesellschaft. Bilder von obszöner Einsamkeit.

Bilder eben auch, die mit nach Hause, paradiesseits, getragen wurden. Und eines Tages sagte Soldi – und es war klar, dass sie es war, denn sie lässt Probleme nicht verrotten, bis sie nur noch eine blasse Erinnerung sind: »Wenn wir drei Kinder haben wollen, dann sollten wir das dritte adoptieren.« Unser Sohn Tom war damals noch nicht ganz ein Jahr alt.

Wenn wir mit besten Freunden darüber sprachen, dass wir uns um eine Adoption bemühen wollten, wurde das nur mit begrenztem Verständnis aufgenommen: »Aber ihr könnt doch eigene Kinder kriegen!«

Adoption lediglich als eine der Optionen, wenn der Kinderwunsch versagt bleibt – das steckt auch heute noch in vielen Köpfen drin, reichlich festgemauert. »Und warum soll es denn so ein Kind aus Asien sein, hier gibt es doch auch nicht gerade wenige, die Eltern brauchen?«

Das ist richtig, konnten wir beipflichten, aber Kind ist Kind. Und wenn uns schon mal der Zufall mit diesen Benachteiligten der Philippinen zusammengebracht hat?

»Aber so ein Kind einfach seinem Kulturkreis zu entreißen!« Auch dieser Satz begegnete uns des Öfteren, wenn andere mit schmerzhaft mildem Ton den Sinn der Auslandsadoption infrage stellten. Ja, konnten wir zustimmen, ja, es wäre das Beste, wenn all diese allein gelassenen Kinder in ihrem Geburtsland neue Eltern, eine Familie finden würden. Doch das ist – zumindest am Beispiel der Philippinen – illusorisch. Straßenkinder haben dort eine Lebenserwartung, die kaum über acht bis zehn Jahren liegt. Und *Kulturkreis*? Kann man einen Pappendeckel, der vor dem Regen schützen muss, tatsächlich so nennen? Und selbst die ganzjährig scheinende Sonne oder malerische Strände wie aus einer dieser Tourismus-Bibeln für Urlaubsträume können ein Kind nicht durchbringen. Und noch einmal: verdammt noch mal! Ja, aus der Ferne können wir gut unsere lieb gewonnene Selbsttäuschung pflegen …

Papa ist eingeschlafen. Und wie. Wenigstens hier im Flugzeug müsste er nicht schnarchen. Oder wenn schon, dann doch bitte im Takt mit der Chinesin. Es hört sich wirklich peinlich an, wie die beiden grunzen, immer schön abwechselnd, damit um sie herum keiner mehr pennen kann.

Jetzt könnten wir langsam mal in Bangkok ankommen. Aber es sind noch etwa fünf Stunden.

Ich muss kurz eingeschlafen sein. Wahrlich ein Wunder bei der Schnarcherei dieser Lotosblume auf dem Sitz neben mir. Man hat einen ganz trockenen Mund hier oben, selbst nachdem man nur mal für Sekunden eingenickt ist.

Madame Singapur steht jetzt ruckartig auf und begehrt durch herrische Handzeichen, sich in die lange Schlange derer einreihen zu wollen, die noch vor der Landung in Bangkok die flüchtige Morgenwäsche hinter sich bringen wollen. Dafür falte ich mich allemal gerne auseinander – auch wenn kein Tropfen Blut mehr in meinen Beinen und benachbarten Organen zu existieren scheint. Ich kann zumindest für ein paar Minuten die Gelegenheit nutzen und mit meiner Tochter sprechen.

Lili muss es wohl ähnlich sehen. Sonst würde sie sich nicht im, na, sagen wir mal: zweiten Anlauf von den Ohrenstöpseln trennen, durch die ihr die Mini-Disc-Musik ins Gehör ballert.

»Alles in Ordnung, Lili?«

»Klar. Mann, hast du mordsmäßig geschnarcht ...«

»Red keinen Unsinn. Das war Miss China. Ich war nur ein bisschen weggetreten.«

»Ich fass es nicht, ein *bisschen* ... Wir sind in etwas mehr als einer Stunde in *Bangkok*, Papa. Du hast drei Stunden geschlafen, mindestens. Sie machen da vorne hinterm Vorhang schon das Frühstück. Riechst du's nicht?«

»Na und ... ich hab sowieso Hunger.«

»Die da drüben pennen jetzt wahrscheinlich durch.« Lili zeigt auf die vier Philippinos, die nach stundenlangem aufgeregtem Geschnatter endlich eine Auszeit genommen haben und nun erschöpft schlafen. Das Quartett befindet sich offensichtlich auf der Heimreise nach einjähriger Kuli-Arbeit auf europäischen Baustellen, mit der es das Überleben ihrer Familien daheim finanziert. Zu erkennen sind diese »flexiblen Auslandskräfte« (wie es so merkwürdig im offiziellen Sprachgebrauch heißt) an den unzähligen Tüten und Taschen, die sie in Frankfurt oberhalb ihrer Sitze in die Ablagen gezwängt haben.

»Ja, sie müssen ihre ganze Kraft sammeln«, sage ich, »denn wenn sie zu ihren Familien zurückkommen, dann gibt es ein Riesenfest.«

»Klar. Wir Philippinos feiern gerne«, bemerkt Lili überraschend. Sie hat sich meiner Erinnerung nach noch nie selbst als Philippina bezeichnet. Zumindest ist es mir nicht aufgefallen. Fragte sie bisher jemand, woher sie denn »original« komme, so war von ihr höchstens ein maulfaules »Asien« zu hören. Doch zumeist lautete ihre trotzig vorgetragene Antwort: »München.« Sie mag es gar nicht, wenn von Fremden allzu viel Aufhebens über ihre Herkunft gemacht wird.

Doch nun, auf der »Reise nach vorn ins Zurück«, wie es ein Freund ausdrückte, ist das wohl anders. Und – da bin ich mir seit längerem sicher – nach diesen 14 Tagen wird sich noch mehr in unserem Leben verändert haben. Nur *wie* ... das kann uns heute Nacht noch niemand sagen. Es wird sich in Lilis Gedanken entscheiden – und ich würde wer weiß was darum geben, jetzt schon zu wissen, was sich dann in ihrem Kopf abspielen wird.

Lili holt mich zurück aus meinen Betrachtungen über die Zerbrechlichkeit von Lebensumständen.

»Die vier da drüben haben so merkwürdig geschaut.«

»Wie ... aber die schlafen doch.«

»Nicht jetzt, Papa. Als sie in Frankfurt eingestiegen sind.«

»Warum sollen sie denn merkwürdig geguckt haben, Lili?« Es ist mir jedoch klar, was sie meint, denn auch mir waren die Blicke nicht entgangen. Und ich kann sie mir erklären. In ihren Köpfen brauen sich genau die Gedanken zusammen, die ich mit großem Missvergnügen erwartet habe: Was macht denn der alte Kerl mit diesem blutjungen Ding? Hat sich eins von unseren Mädchen geangelt. Ist doch noch ein halbes Kind. Und dann dieser scheußliche Opa ...

Ja, diese Blicke, dieses Abschätzende, die Verachtung in ihren Augen, dieses Onkel-mit-klebrigen-Bonbons-in-der-Tasche-verführt-minderjähriges-Mädchen in den Augenwinkeln – es wird uns in den fast zwei Wochen auf den Philippinen ständig begleiten. Dem entgehen wir nicht. Dafür haben schon Horden von altfetten Sex-Touristen aus aller Welt gesorgt, die sich in Manilas Strich-Viertel Ermita darin überbieten, ihre kindliche »Beute« stolz herzuzeigen. 12-, 13-jährige Mädchen oder Jungen, die sich prostituieren müssen – von ihren weit unter dem Existenzminimum vegetierenden Familien geschickt oder aber auch von organisierten Banden aus abgelegenen Dörfern entführt. All jene himmelschreienden, Ekel erregenden Bilder, die ich mal in diesem ekelhaftesten Sumpfloch Manilas während einer harten Reportage über Sex-Tourismus einsammeln musste, habe ich wieder vor Augen.

Und nun halten mich irgendwelche Leute für ein ähnliches Kinderschänder-Ungeheuer, da sie Lili und mich als gemischte Einheit so interpretieren. Ich glaube nicht (oder habe es zumindest nicht bemerkt), dass man daheim in Deutschland solchen Verdächtigungen ausgesetzt ist. Doch je mehr wir uns jetzt dem asiatischen Kontinent annähern ... Es steht ja bei uns beiden nirgendwo draufgeschrieben, dass wir Vater und Tochter sind.

Na, super. Ich habe genau gesehen, wie die Philippinos geguckt haben. Sie sehen ziemlich schnell weg, wenn ich mich nicht abwende. Irgendwie sind sie schüchtern. Und doch schauen sie mich an, als wenn ich etwas Schlimmes gemacht hätte. Mir wird schlecht, weil ich merke, dass sie denken ... also, der Papa und ich ...

Erst macht es mich unheimlich wütend, und dann würde

ich am liebsten hingehen und ihnen etwas Blödes sagen.
Aber was? Ich glaube ja noch nicht mal, dass sie mich
verstehen würden.

Ich bin froh, dass noch diese Chinesin zwischen uns sitzt.
Auch wenn deswegen hoffentlich keiner auf die Idee ge-
kommen ist, dass ich ihre Tochter bin. Das wäre wirklich
erst recht das Hinterletzte.

Eigentlich gebe ich sonst nicht viel drauf, was die Leute
denken – sie tun ja sowieso, was sie wollen. Und ein Rad
haben sie eh ab. Aber dass sie mich für so eine halten, wo-
möglich sogar für ein Katalog-Mädchen, wie ich es mal in
einem BRAVO-Fotoroman gelesen hab – das verletzt mich
doch. Ich kann gar nicht sagen, wie sehr. Doch ich werde
den Leuten das nicht zeigen. Ich will nicht, dass sie denken,
sie können mich einfach für etwas halten, was ich nicht
bin.

Wenn der David jetzt bloß bei mir wäre, dann hätten die
nicht so eklig geguckt ...

Über mein Frühstückstablett hinweg, auf dem sich buchstäblich eine Semmel verkrümelt und ein Omelett von einer
Fettlache ertränkt wird (oder bin ich da nur viel zu kritisch,
weil mir gepflegte Mahlzeiten so wichtig sind?) – also über
dieses lauwarme Morgen-Grauen hinweg kommen mir die
Gedanken an einen anderen Sonnenaufgang ... ebenfalls
Flugzeug, ebenfalls mit Lili. Nur liegen diese Flug-Stun-
den beinahe 16 Jahre zurück. Landeanflug aus Frankfurt
zum Airport München-Riem. Zu meinen Füßen der Korb
mit dem schlafenden Baby Lilian Marie Josephine. Von
kurz hinter Manila bis einige Zeit nach Bangkok war ich
mit dieser jungen Dame auf den Armen durch den Jumbo
getigert, mit wiegenden Bewegungen, bis sich das gesamte

40

Blut aus den Armen verflüchtigt hatte, ständig verfolgt von teils mitleidigen, teils skeptischen Blicken der anderen Passagiere. *Der Kerl kriegt das nicht hin mit dem Baby – aber hoffentlich bringt er uns mit seiner ewigen Herumlauferei nicht komplett um die Nachtruhe!*

Dann der schon erwähnte Lounge-Auftritt beim Zwischenstopp in Frankfurt, und nun der erste Touchdown mit unserer Lili auf Münchner Boden. *Unsere Tochter ...* ich musste mich an diesen Begriff erst noch gewöhnen. Und in längstens 20 Minuten würden wir beide durch die Zollkontrolle direkt in die Arme von Soldi und den Buben laufen.

Erst einmal verkroch sich das Baby Lili aus Bacolod unter meiner Jacke, als so viele Arme nach ihm griffen. Ich muss zugeben: Mir wurde warm ums Herz, *meine Tochter* brauchte mich – gibt es eine schönere Empfindung? Wie zumeist verhedderte ich mich in dem guten Gefühl, das müsse jetzt ewig so bleiben. Doch einmal in die fordernden Arme der Mutter gegeben, bekam ich meine Lili so leicht nicht mehr zurück, und manchmal, da übertreibe ich nicht ungerne, manchmal habe ich das Gefühl, dass ich sie nie mehr so zurückbekommen habe wie damals auf unserer ersten gemeinsamen Reise von Asien in ihre neue, fremde Heimat.

Am Flughafen München meldeten erst einmal die anderen Besitzansprüche an: Tom und Sveni, die ihrer neuen Schwester schon alleine dafür unendlich dankbar waren, dass sie für die Abholung am Flughafen von der Schule beziehungsweise dem Kindergarten frei bekommen hatten. Zusätzlich mit Neugier erfüllte sie, die Lili als Neugeborenes schon acht Monate zuvor in Bacolod gesehen hatten, die Frage, wie viel denn so ein Mädchen in knapp einem dreiviertel Jahr wächst. Sven hatte, wenn ich mich recht erinnere, sogar ein Zentimeterband mit zum Flughafen gebracht, setzte es aber gnädigerweise erst im Auto ein.

Soldi heulte sich erst einmal tüchtig ihre Bedenken von der Seele, dass in allerletzter Sekunde wieder einmal etwas dazwischengekommen sein könnte – und irgendwo ein paar Paragraphen unserer Tochter die endgültige Ankunft verwehrten. »Ich glaube es dann so richtig, wenn ich ihre erste Windel gewechselt habe«, sagte sie mir noch bei unserem letzten Telefongespräch aus Manila. Nun, das konnte sie schon gleich noch am Flughafen München-Riem tun, denn Lili verabschiedete sich gerade von ihren Mahlzeit-Resten.

»Sie stinkt!«, ließ Tom lauthals jedermann im Ankunftsgebäude wissen.

»Ja, wunderbar. Ich habe einen ganzen Pampers-Karton mitgebracht«, jubelte seine Mutter in Hochstimmung und öffnete angesichts dieses durchschlagenden Ereignisses erst recht ihre Tränenschleusen. Ihr Durchhaltevermögen, mit dem sie sich die vergangenen acht nervenzerrenden Monate bis zu Lilis Ankunft über die Runden gebracht hatte, war endgültig aufgebraucht. Sie konnte jetzt die ganze innere Spannung ablassen. Und das ging wohl am besten mit Wegwaschen.

Sveni hingegen meldete sich erst nach eingehender Betrachtung von Lilis etwas angestrengten Gesichtszügen. »Sie hat rote Punkte, seht ihr das nicht? Wirklich, so richtig fette rote Dinger.« Kindermund, so sagten wir uns, auch wenn er nicht ganz Unrecht zu haben schien. Aber das kam natürlich alles nur von der großen Anstrengung. Die ganze Reiserei ist ja eine große Belastung für so ein paar Kilo Menschlein.

Am Abend nach dem festlich-fröhlichen Einzug von Fräulein Lilian Marie Josephine Schumann geborene Sanz in das neue Zuhause – es war im Grunde genommen schon das dritte in ihrem kleinen Leben – mussten wir Doktor Stellmann holen. Er konstatierte: »Masern! Und zwar eine ekelhaft deftige asiatische Form.«

Das Kleinkind Lili schien in den nächsten Tagen unter Fieberanfällen stündlich in seinen Kissen zu schrumpfen – immer zarter und noch zarter wurde es. Und sein Bruder Sven wuchs und wuchs im gleichen Maße über sich hinaus – Triumphgefühle. »Ich habs ja zuerst gesehen«, verkündete er jedem, der es hören wollte oder auch nicht, »sie hatte diese scheißroten Punkte!« Und dann drückte er seinen Blondschopf besonders gefühlig gegen die glühenden Wangen seiner Schwester. Brüderliche Liebe? Sveni gab die Erklärung selbst: »Wenn ich es schaffe, auch Masern zu kriegen, dann brauch ich nicht in den Kindergarten und kann mehr fernsehen.«

Diese Geschichte erzähle ich besonders gerne, wenn wieder einmal – und das ist oft der Fall – die Frage kommt: »Sagen Sie mal, wie haben denn Ihre Jungen die Adoption aufgenommen?«

Jetzt aber, kurz vor dem Landeanflug nach Manila, bereite ich eine ganz andere Geschichte vor, die meine 16-jährige Lili ablenken, wieder ein bisschen fröhlicher stimmen soll. Sie kaut immer noch an dem Problem herum, dass irgendjemand auf dieser Reise ein falsches Verhältnis zwischen ihr und mir herstellen könnte. Da ich aber schon mal mit Erzählen loslege, ohne den Ausgang zu kennen, ist der Erfolg des von mir angestrebten humoristischen Schlusses weiß Gott nicht garantiert: »Lililein, dann lassen wir in Manila T-Shirts bedrucken. Bei dir steht ›I'm Lili‹ drauf – und bei mir ›I'm Lili's Daddy‹ ... und schon ist die Sache in Ordnung.«

Ich lache mich aus meiner Verlegenheit – aber Lilis Humor ist noch nicht wieder auf Betriebstemperatur. Ihr Seelenhaushalt misstraut meiner Geschichte natürlich gewaltig. »Du willst mich doch hammermäßig verarschen, Papa, oder?!« Ich hätte mir bei allem Verständnis über ihre Reaktion gewünscht, sie würde sich nicht ganz so drastisch ausdrücken.

Bei der Zwischenlandung in Bangkok nehmen wir beide – demonstrativ mit dem Rücken zu den anderen Passagieren – am Gate gleich drei dieser festgeschraubten Plastikstühle in Beschlag. Lili ganz links, ich ganz rechts – und zwischen uns das gesamte Handgepäck aufgetürmt. Wie eine Barriere. Lili meint, so könne die Szenerie wenigstens nicht zum Minenfeld weiterer Gerüchte werden.

»Und, bitte, Papa«, quengelt sie dann, »gib mir auch gleich meine Bordkarte. Du kannst ja dann nachher schon mal in die Maschine gehen. Ich komm später nach ...«

Eine übertriebene Reaktion? Lili reagiert so, bis sie weiß, wo sie das Ungewohnte in ihren Kopf hintun soll. Dann ist bei ihr wieder Schluss mit Verdruss.

Auf dem Zwei-Stunden-Weiterflug nach Manila bleibt in unserer Reihe 29 der Mittelplatz frei – Suzie Wong hat sich abgesetzt, ihr Parfüm noch lange nicht.

Die philippinischen Jungen auf der anderen Seite des Ganges sind jetzt hellwach, und mit jeder weiteren Flugminute wächst ihre euphorische Stimmung. Ihr Shangri-la, das Sehnsuchtsland, die Heimat rückt näher und näher. Ein Jahr waren sie nicht mehr dort. Sie werden lauter und lauter, die Ausgelassenheit steigert sich zu Albernheiten – und die Umsitzenden lassen sich gerne anstecken. Auch Lili wird mit einbezogen – es fliegt nun schon mal ein Lachen von hüben nach drüben. Bei dem Quartett bin ich wohl jetzt auch den Nimbus des Mädchenschänders los. Damit das aber auch ganz sicher ist, spreche ich mit meinem Nachbarn zur Linken noch deutlich und sehr laut von »meiner Tochter«: »My daughter, you know ...« Der Mensch ist schon zu seltsamen Handlungen fähig.

Die Purserin meldet sich über Bordlautsprecher. »Bitte schnallen Sie nun zur Landung wieder Ihre Gurte fest, klappen Sie die Tische vor sich hoch und stellen Sie Ihre Rückenlehne in senkrechte Position.« Noch wenige -zig Meilen bis Manila Airport.

Gleich bin ich zum ersten Mal auf den Philippinen.

Stimmt ja gar nicht, als Baby war ich da. Nur das gilt einfach nicht, denn ich kann mich nicht erinnern. Wie denn auch?

So ein Mist, dass es draußen in der letzten Stunde total dunkel geworden ist. Ich wollte so gerne das Meer sehen. 7000 Inseln haben die Philippinen – und alles, was ich jetzt von hier oben mitkriege, sind ein paar Lichter, von denen ich nicht weiß, wohin genau sie gehören.

Die Philippinen, Manila, morgen weiter nach Bacolod – sicher, das ist für mich schon ein echt geiles Gefühl. Aber ich werde deswegen jetzt nicht bescheuert sentimental. Ich werde irre Ferien haben, das ist endscool. Und jetzt könnten wir mal langsam da sein, damit ich mehr sehen kann ...

Ich kann mir diese Frage einfach nicht abgewöhnen: Was sie wohl jetzt denkt, meine Kleine? (Gott sei Dank hat sie die »Kleine« nicht mitgekriegt.) Ich sehe beim vorsichtigen, »unverdächtigen« Zur-Seite-Schielen seit mehr als

zehn Minuten nur noch ihren schwarz glänzenden Hinterkopf – Lili starrt ununterbrochen aus dem Fenster. Stören
möchte ich sie nicht.

Klar, es ist ihre allererste Begegnung mit den Philippinen. Nun, wenn man es genau nimmt: nicht ganz. Wir
haben so oft – und dies weiß Gott nicht nur in den letzten
Tagen – davon gesprochen, wie es sein wird, wenn Lili mal
hierher fliegt. Die ersten Eindrücke von der unvertrauten
Heimat, die einem ja wohl doch in den Genen steckt, die
ersten Gerüche, die Wohlfühl-Hitze des Abends, Blicke in
Gesichter, die ihr auf fremde Weise wiederum vertraut vor-
kommen müssen …

Und was diese kleine Lilian Marie Josephine – jawohl,
klein! – sonst alles noch so erwarten wird? Ohne ein bisschen Angst gibt es keinen Mut. Obwohl die nächsten zehn,
zwölf Tage ein emotionsgeladenes Miteinander versprechen – ganz verlässt mich die Sorge nicht, ob das alles mit
der Souveränität zu bewerkstelligen sein wird, die man sich
natürlich vornimmt.

Obwohl ich weiter vom Fenster entfernt sitze, kann ich
die ersten Lichter von Manila sehen.

Dann: Touch down. Der Kapitän hat die Maschine gelandet. Man könnte auch sagen: auf den Runway geschmis-
sen.

Lili hat es geschafft – sie ist auf den Philippinen angekommen. Obwohl ich selten zu Gefühlsaufwallungen neige,
fühlt es sich für mich jetzt doch ein wenig so an, als hätte
James Cook – oder wer sonst? – gerade noch einmal den
philippinischen Archipel erobert. Und ich verhehle nicht,
dass meine Augen langsam etwas feucht sind. Wie mag dann
erst unserer Lili ums Herz sein? Nach so langer Zeit – erste
Berührung mit ihrer Zweitwelt.

46

Da dreht sie sich erstmals wieder zu mir um: »Papa, ob du's glaubst oder nicht ... ich hab schon eine McDonald's-Reklame gesehen!«

4. Kapitel

Alle klagen über das Wetter, so hat einmal Mark Twain gesagt, aber niemand tut etwas dagegen.

Nachdem wir Passkontrolle und Zoll hinter uns gelassen haben – dort wird der Ankömmling noch sanft klimatisiert –, gehen wir nach dem Verlassen des Central Buildings direkt in den Backofen, in dem selbst in diesen frühen Abendstunden der Moloch Metro-Manila steckt. Lili, die stets erst oberhalb von 20 Grad Celsius auf ihre Wohlfühl-Temperatur kommt, weiß sich gar nicht recht einzukriegen: »Super, wirklich supergeil die Hitze«, jubiliert sie – und kann den Rest ihres Satzes wohl nur ironisch gemeint haben: »Findest du das nicht auch echt riesig, Papa?!?«

Ich fühle jedes dieser wohl 30 bis 32 Grad Celsius einzeln – hinterher stellt es sich heraus, dass es »lediglich« 27 Grad sind – und glaube einen Moment, vor lauter Hitze nicht ausreichend Luft zu bekommen. Innerhalb von Minuten – wenn es denn überhaupt so lange gedauert hat – kann man wohl von mindester Erfüllung eines Dresscode nicht mehr sprechen.

Die Taxifahrer vor dem Riesengebäude gehen ihrem üblichen Job nach: Sie stürzen sich hyänenartig auf jeden Ankommenden, der fette Beute verspricht. Sie zurren an ihm herum, bedeuten in schaurigem Englisch – von mir Philippino-English oder auch kürzer Phinglish genannt –, dass sie und sonst keiner der rettende Engel seien, der einzig das sichere Überleben bis zum Hotel in Downtown Manila garantieren könne – und dazu, großes Ehrenwort!, auch noch zu einem so traumhaft günstigen Fahrpreis.

Ich werde allerdings von der Meute bald verschont – die Taxler stürzen sich mit quälendem Wortschwall lieber gleich auf Lili, weil sie glauben, bei ihr, einer Landsfrau, das radebrechende Englisch vergessen zu können. Und so darf ich meine völlig rat- und hilflose Tochter dabei beobachten, wie sie unter den deftigen Tagalog-Wortbrocken abzutauchen versucht. Zwar rafft sie sich dann doch noch zu einer Art Abwehr auf und bedeutet mit hektischen Gesten, dass sie dieser Zunge nun mal nicht mächtig sei. Doch da sie völlig richtig als Philippina eingeschätzt wird, denkt keiner der Gunst-Werber daran, aufzugeben. Logisch: Sie sieht aus wie eine Philippina – also hat sie auch wie eine zu sprechen. Erst unser bestellter, nicht gerade auf Pünktlichkeit versessener »Blue Horizon«-Guide John, der uns zum Hotel bringen soll, verscheucht die hartnäckige Bande und befreit Lili mit ein paar herrischen Gesten aus der wüsten Sprachumklammerung der sie Umstehenden.

Es wird der jungen Dame in den nächsten beiden Wochen noch häufig so gehen: Wildfremde Menschen kommen auf sie zu und reden mit einer Sprache auf sie ein, die sie nicht versteht. Sie zeigen wenig Verständnis, wenn sie nicht reagiert – und es dauert einige Zeit, bis sich Lili bequemt, die Verwirrten in einer Mischung aus Englisch und Zeichensprache der Indianer darüber aufzuklären, dass sie keinerlei philippinische Dialekte – ob nun Tagalog oder

50

Ilongo oder eine der anderen etwa 30 Zungenbrechereien hier auf den philippinischen Inseln – beherrscht.

Auf dem nicht übermäßig beleuchteten Roxas-Boulevard, der zu Manilas besseren Zeiten sicher den Titel Prachtstraße verdient hatte, überholen wir mit unserem Kleinbus eine ganze Armada jener farbprächtigen und phantasievoll bis kitschig dekorierten Jeepneys, die in der Metropole kostengünstig den öffentlichen Transport im hoffnungslosen Stop-and-Go-Verkehrs-Gewürge aufrechterhalten. Lili kann sich gar nicht mehr einkriegen über die bizarr-bunte Vielfalt der etwas klobigen Kleintransporter mit 16 Sitzgelegenheiten, auf deren Kühler silberfarben angestrichene Metallpferdchen Rasanz und Pracht vorgaukeln sollen. Nachempfunden sind die Transporter – Fahrpreis: 4 Pesos, also nicht mal ein Cent – den Jeeps der US-Army, die seit Jahren auf den Philippinen Stützpunkte unterhält.

»Ich habe ja gar nicht gewusst, dass es hier so etwas Lustiges wie diese Autos gibt, voll süß«, staunt Lili immer noch Bauklötze, eine Beschäftigung, die sie in diesen Tagen nur selten aufgeben sollte. Und eifrig winkt Lilian Marie Josephine den Menschen zu, die sich auf den Holzbänken der Jeepneys dem Feierabend entgegenschaukeln lassen. Groß ist ihre Enttäuschung, als ihre spontane Geste von niemandem erwidert wird – sie nimmt nicht wahr, dass durch die dunkel getönten Scheiben unseres Autos niemand erkennen kann, dass Lili Germany in ihrer Stadt eingetroffen und in blendender Stimmung ist.

Das dreht sich aber schnell, als bei einem der unzähligen Stopps ein Junge von vielleicht zehn, elf Jahren an unser Auto herantritt und in einem Schuhkarton ein paar nicht leicht zu identifizierende Essensreste, einzelne Zigaretten, eine alte Sonnenbrille mit nur einem Bügel und nicht mehr ganz taufrische Papierservietten zum Kauf anbietet. Der Fahrer weist dem kleinen Straßenhändler routiniert den Weg.

»Was wollte der Junge?«, will Lili wissen, nachdem sie noch einen neugierigen Blick in die Pappschachtel geworfen hatte.

»Verkaufen«, sage ich – und meine eigentlich: sich ein paar Pesos erbetteln.

»Ich kaufe ihm was ab«, sagt Lili und kommt mit dieser Idee zu spät. »Ihr könnt ihn doch nicht einfach so wegschicken«, ist sie dann ganz Vorwurf und bezieht den Fahrer und John gleich mit ein.

»Es gibt in Manila Tausende solcher Jungen, die etwas verkaufen wollen.« Mir fällt mal wieder nichts anderes ein.

Bei den ersten fünf, sechs Kindern, die die endlosen Staus auf Manilas Straßen dazu nutzen, auf ihre Not aufmerksam zu machen und auf das Mitleid anderer zu hoffen, ist einem noch höchst unwohl, wenn man nicht wenigstens ein paar Pesoscheine durchs offene Fahrerfenster reicht. Doch ich weiß von früheren Reisen auf die Philippinen, dass sich diese beklemmenden Gefühle später legen – um in Resignation zu münden. Es sind zu viele, die der Hilfe bedürften – so kann man sich jederzeit sagen. Allen *kann* man nichts geben, also gibt man (fast) keinem. Dies öffnet die Tür zu einem scheinbaren Entkommen, zumindest glaubt man, es derart im Griff zu haben. Doch: Miserabel fühlt man sich dennoch – bis auf die siebte Sohle seines Gewissens.

»Sie können doch nicht bei all diesen bemitleidenswerten Geschöpfen so eine Art lieber Gott spielen und versuchen, ihnen eine reelle Zukunftschance zu geben«, sagte mir mal ein Belgier, den ich im sündhaft teuren Manila Hotel kennen gelernt hatte. Ja, ja, kam es mir bitter in den Sinn, als ich seinen Worten nachhörte, natürlich werden es die lieben Kleinen schon verstehen, dass sie eben nicht dran sind, eine sicherere Zukunft zu bekommen. Pech gehabt, hier sortiert die Not aus. Nur – was ist, wenn all diese Kinder, die da aus den stinkenden Slums von Tondo in die prachtvolle Wirklichkeit des Roxas Boulevard kommen, einfach sagen: »Zukunft? Unsere Zukunft ist *jetzt*.« Und wenn sie danach handeln würden, sich nähmen, was die anderen nicht freiwillig hergeben wollen?

Das allzeit betulich konservative Blatt »Manila Bulletin« würde seinen wohllebenden Lesern mit großen Schlagzeilen kundtun: »Wachsender Terrorismus auf unseren Straßen.« Und in den von Sicherheitskräften abgeschotteten Vierteln der wohlhabenden Kaufleute gäbe es wieder einmal Anlass, vorsichtshalber die geladenen Gewehre in die Fensternischen zu stellen.

Ich darf nicht vergessen, mir bald ein Heft zu kaufen und alles reinzuschreiben … Diese Zettelwirtschaft, die ich angefangen habe, endet sonst in einer Katastrophe. Meine Mama sagt immer: Gegen dich ist das Chaos eine reine Erholung.

Kein Mensch kann alles im Kopf behalten, was ich jetzt erlebe. Dabei sind wir ja noch nicht mal einen ganzen Tag unterwegs.

Manila macht einen schönen Eindruck. Die vielen Lichter, die Jeepneys – von denen müsste man einen mit nach Hause nehmen dürfen, da wär aber mal was los in München! –, es hat eine Menge Burger King, McDonald's und sogar Dunkin' Donuts. Der David würde hier ausflippen und sich die Kilos nur so drauffuttern ... Vorhin, kurz nach dem Flughafen, habe ich auf einer Werbetafel gesehen, was ein Hamburger kostet: nicht mal 50 Cent, unglaublich! Und Donuts gibt es hier gleich sieben Stück für den Preis, den wir für einen zahlen. Ich darf nicht vergessen, vor dem Rückflug dem David ganz viele Donuts mitzubringen, in möglichst krass kitschigen Farben. Echt geile Teile, so was hat es bei uns nicht.

Eigentlich weiß ich gar nicht, wo ich zuerst hinschauen soll. Ich hab keine Idee, warum Papa immer gesagt hat, dass er Manila so schrecklich findet. Deswegen will er auch nur eine Nacht mit mir hier bleiben, und schon morgen werden wir nach Bacolod weiterfliegen. Was ich jetzt hier sehe, da hätte ich gerne noch einen Tag angehängt.

Bescheuert finde ich allerdings, dass vorhin niemand dem Jungen etwas gegeben hat, der an unser Auto gekommen ist. Der war noch so klein und hat sehr süß ausgesehen. Ich habe nicht recht erkennen können, was er alles in seinem Karton hatte, aber irgendetwas hätten wir ihm ja abkaufen können. Hoffentlich tut das bald ein anderer, der vielleicht was gebrauchen kann. Nicht, dass der Junge ganz ohne Geld wieder nach Hause kommt. Das wäre so schlimm und blöde, dass es einen ganz wütend macht, wenn man nur daran denkt.

Ich ärgere mich aber auch über mich selbst. Wenn ich wieder so einen Jungen sehe, dann gebe ich ihm etwas von meinem Geld ab. Wofür habe ich denn die 127 Euro mit, die ich mir beim Adressenschreiben in der Zahnarztpraxis Dr. Bolz und Kollegen extra für diese Reise verdient habe?

Als wir langsam die grell ausgeleuchtete Auffahrt zum »Heritage«-Hotel hochfahren, kann ich direkt hinübersehen zum »Hyatt«-Hotel, das vielleicht 100 Meter entfernt steht. Und wieder schließt sich auf dieser Reise ein Kreis, einer, der das gewendete Leben einer jungen Dame namens Lili und einer Familie betrifft, die vor etwa 18 Jahren beschlossen hatte, den nicht selten mühevollen Weg einer Adoption zu gehen, weil es auf dieser Welt so viele Kinder gibt, die ohne Fürsorge und Liebe aufwachsen müssen.

Das Manila »Hyatt«. Es war genau der 24. November 1986. Ich verwechsle allzu oft in meinem Leben die Daten, muss mir das, was nicht durchs grobe Raster meines Gedächtnisses fallen soll, mit Ausrufezeichen in den Kalender eintragen. An diesen Tag erinnere ich mich auch ohne Kalender, da er in der Schatztruhe meiner Erinnerungen ganz oben liegt. Am frühen Morgen war unser Baby Lili von der Kinderschwester Janet mit dem Flugzeug von Bacolod nach Manila gebracht worden. In der Hauptstadt herrschte eine Art Ausnahmezustand. Ein Verteidigungsminister namens Enrile hatte versucht, die Macht zu übernehmen. Lauter Militärhubschrauber in der Luft, wie stechbereite Hornissen, überall Fahrzeuge mit Schwerbewaffneten. Armeeeinheiten hatten den internationalen Flughafen umstellt, nur der Domestic Airport wurde offen gehalten. Die Maschine aus Bacolod war eine der letzten, die binnen 24 Stunden hier noch landen durfte. Unsere Freundin Salvacion Tinsay, die mir einen Tag vorher abgeraten hatte, noch den Flug nach Bacolod auf der Insel Negros zu wagen, diese so umsichtige Salvi ließ ihre guten Beziehungen spielen, damit Janet mit Lili noch einen Platz in der Mittagsmaschine bekommen konnte.

Ich holte die beiden an einem ausgemachten Treffpunkt

in der Nähe der Inlands-Ankunft ab. Für Fremde war es nicht ratsam, sich noch auf dem Flughafengelände blicken zu lassen – Minister Enrile wurde Hilfe aus dem Ausland nachgesagt. Im angemieteten Hotel-Wagen erlebten wir hinter den zugezogenen Vorhängen eine aufregende Fahrt zum »Hyatt« – vier Kontrollen auf offener Straße, bei denen wir von Soldaten und Polizisten nicht gerade freundlich nach unserem Ziel ausgefragt und einmal sogar durchsucht wurden.

Den Rest des Tages wagten wir nicht, uns aus dem Zimmer im fünften Stock zu bewegen. Janet, die zum ersten Mal in ihrem Leben die Insel Negros verlassen hatte (und dies auch gleich noch durch die Luft), weigerte sich, ein eigenes, benachbartes Hotelzimmer zu beziehen. Sie setzte sich auf einen Stuhl und rührte sich stocksteif nicht mehr vom Fleck. Erst viel später ließ sie sich dazu überreden, auf einen bequemeren Sessel zu wechseln. Baby Lili lag auf meinem Bett und schlief stundenlang einen seligen Schlaf. Ich verbrachte – wenn ich nicht gerade Klein Lili beglückt-fasziniert anstarrte – die meiste Zeit auf dem winzigen Balkon, um entweder am Himmel oder auf dem Roxas Boulevard, einige Kilometer Luftlinie vom Präsidenten-Palast Malacanang entfernt, einen Eindruck von der Entwicklung der »Rebellion« zu bekommen. Oder ich saß wie festgemauert vor dem Fernseher in unserem Zimmer und verfolgte die Nachrichtensendungen (in so ziemlich jeder Sprache, die die asiatische Region aufzubieten hat).

Das eine oder andere Stoßgebet war auch dabei, die Straßenkämpfe doch bitteschön so lange zu verschieben, bis ich am nächsten Abend mit Lili in Richtung Europa abgeflogen wäre. Nun hatte ich acht Monate hart darum gekämpft, Lilis Ausreisegenehmigung zu bekommen – und dann lässt sich so ein wild gewordener Machtmensch einfallen, uns mit seinem Tam-Tam und Truppenaufmarsch einen Strich durch die Rechnung zu machen! Von der Gerechtigkeit auf dieser Welt hielt ich an jenem in jeder Beziehung heißen Novemberabend nicht allzu viel.

Ab und an glaubte ich, vom Boulevard her ein paar Schüsse zu hören. Doch wer will das schon genau sagen, wenn sich so viele Rost-Vehikel mit Fehlzündung durch den Verkehr schieben! Stop-and-Go herrschte auch damals auf den Straßen von Manila, denn die Philippinos lassen sich wegen so einem bisschen Revolution bestimmt nicht davon abhalten, die tropisch-stickige Dunstglocke mit noch mehr Abgasen anzureichern.

Irgendwann waren wir alle drei eingeschlafen. Janet hatte sich im geräumigen Sessel zusammengerollt. Ich lag voll angezogen auf dem Bett und träumte neben der friedlich schlummernden Lili wohl davon, nach zwei Jungen nun auch für ein kleines Mädchen mit wundervollen Mandelaugen und pechschwarzen Haaren, die struppig-niedlich in die Höhe standen, lebenslänglicher Vater und Held sein zu dürfen – obwohl mir klar war, dass auch Eltern nur ein gewisses Bleiberecht von ihren Sprösslingen zugesprochen bekommen.

Aus solchen und ähnlichen Träumen riss mich mitten in der Nacht schrill das Telefon: »Kommen Sie sofort runter in die Lobby!«

»Wie? ... Moment mal ... wieso *das* denn?«

»Packen Sie bitte kein Gepäck, nehmen Sie nicht einen der Aufzüge, gehen Sie über die Treppe ... aber *beeilen* Sie sich!«

»He, Sie können doch nicht einfach ...«

Doch die männliche Stimme *konnte*: aufgelegt!

Ich schnappte mir Baby Lili, riss Janet aus ihrem senkrechten Nachtlager (die Ärmste begriff rein gar nichts, weil ich in der Eile vergaß, ihr meine deutsche Erklärung ins Englische zu übersetzen) und griff nach der Tasche mit den wichtigsten Papieren. Man liest immer, dass jemand haargenau die Zeit bestimmen kann, wenn etwas Unerwartetes, Bedrohliches passiert ist. *Herr Kommissar, ich stand ja nur eine Minute neben der Leiche. Nein, Herr Richter, die Einbrecher befanden sich höchstens zweieinhalb Minuten in meiner Wohnung.* Ich habe in jener Nacht in Manila die Erfahrung gemacht, dass man keinen Schimmer hat, wie lange man zwischen Not und Hilflosigkeit herumwankt.

Erst in der Halle erfuhr ich vom Portier, dass das Hotel eine Bombendrohung bekommen hatte. Den Rest der Nacht verbrachten Lili, die zitternde Janet und ich auf einem Grünstreifen des Roxas Boulevard – mit vielleicht hundert anderen Menschen, die ebenfalls evakuiert worden waren. Aus der respektvollen Entfernung behielten wir das »Hyatt« im Auge. Mir fiel siedend heiß ein, dass ich die Adoptionsverfügung des Gerichts auf dem Tisch liegen gelassen hatte, weil ich mir die Nummer noch aufschreiben wollte. Ohne dieses Stück Papier würde ich mit Lili keinen Zentimeter die Philippinen verlassen dürfen! Doch der mir gänzlich unbekannte Mr. Enrile hatte in jener Nacht ein Einsehen mit uns – und streckte die Waffen. Na ja, gut, nicht *nur* wegen uns.

Am folgenden Vormittag präsentierte sich Manila wie gewöhnlich als Metro-Moloch – aber ohne Panzer, ohne Hubschrauber in der Luft, ohne martialisch auftretende Militäreinheiten.

Und Lili? Die hatte bis auf kleine Her-mit-meinem-

Fläschchen-Unterbrechungen bereits die zweite »Revolution« in ihrem kleinen Leben verschlafen: Geboren worden war sie in der Nacht, in der Diktator Ferdinand Marcos samt seinem »Clan der Milliardäre« vom Volk nach Hawaii beziehungsweise zum Teufel geschickt wurde. In Bacolod gibt es nicht gerade wenige, die in ihrem tiefen Aberglauben Lili als »Revolutions-Kind« ein besonders glückliches Leben zuschreiben wollen.

Nun, da der Funke nicht zum Flächenbrand geraten war, konnten wir in unser Hotelzimmer zurückkehren und abends unseren Flug nach Deutschland antreten.

Die Erinnerung an die »Bomben«-Nacht im (beziehungsweise *vor* dem) »Hyatt« da drüben jenseits der wie Zinnsoldaten aufgereihten Riesenpalmen gärt jetzt immer noch unter meiner Schädeldecke, als wir nun unser Zimmer 523 im »Heritage« beziehen. Minuten später bin ich so müde, dass ich höchstwahrscheinlich gar nicht mal mehr den Aufprall aufs Kopfkissen mitbekommen hätte. Doch Lili, für die der Flug im wahrsten Sinne wie im Schlaf vergangen war, hat andere Pläne: »Draußen ist es so schön warm, Papa, wir gehen einfach noch ein bisschen. Ich bin ja nur heute in Manila. Wir sind doch kurz vor dem Hotel an so einem beleuchteten Markt vorbeigekommen …«

Und schon ist mein Ichling, der für sein Ego gelegentlich eine eigene Postleitzahl beantragen sollte, an der Tür – da bleibt mir keine Option mehr.

Wenn man etwas näher in die Nacht von Manila vordringt, nur ein Stück hinter die Boulevard-Kulisse, dann beginnt man sehr schnell, dem schönen Schein der nächtlichen Metropole zu misstrauen. Wir staksen über aufgerissenes Pflaster, umkurven Abfallhaufen von halb verfaultem Obst, weichen in letzter Sekunde rücksichtslos einparkenden Autos aus und passieren auf der Rückseite des brausenden Boulevards stockdunkle Straßen, die den Gedanken provozieren, wie sicher hier wohl so ein abendlicher Spaziergang durch die nächtlichen Straßen ist. Dadurch, dass ich zielgenau in Richtung Nachtmarkt marschiere, beabsichtige ich, bei Lili ein Gefühl von unbedingter Verlässlichkeit entstehen zu lassen – doch ich kann nur hoffen, dass wir tatsächlich in der wuseligen Menge zwischen den farbenfroh beladenen Ständen landen.

Lili bereut längst bitter, dass sie sich für den kurzen Ausflug schnell noch ihre High Heels aus dem Koffer geangelt hat. Ihre zierlichen Füße, die auf diesem unsicheren Pflaster ständig zur Seite knicken, müssen inzwischen schmerzen wie die Hölle. Mir fällt es verdammt schwer, jetzt auf ein ärgerliches »Hab ich's dir doch gesagt« zu verzichten. Doch mit einer so altväterlichen Bemerkung hätte ich bei Lili kaum etwas ausrichten können.

Ich seh doch, dass es ihn freut, wie ich hier mit den blöden Schuhen einen Scheißstress habe! Wenn wir nicht bald da sind, schrotte ich mir endgültig meine Füße, dass ich die nächsten Wochen vergessen kann! Überhaupt finde ich das nicht sehr witzig, hier durch die hinterletzten Straßen zu gehen. Ich bin ja nicht gerade ängstlich, aber wie dunkel das hier ist ... und wie dreckig, das ist schon die Härte. Manila ist wirklich eine Mörderstadt.

Ich weiß auch nicht, warum ich ausgerechnet jetzt an Mamis Satz denken muss, den ich sonst immer ganz schön blöde finde – weil sie ihn auch ständig wiederholen muss, da er sie so an ihre Zeit als Moderedakteurin erinnert: Schönheit schwitzt nicht, Schönheit lässt sich nicht gehen, Schönheit beklagt sich nicht.

*Aber meine schönen Schuhe – was die gekostet haben! –
kann ich nachher im Hotel wegschmeißen. Mir haben seit
dem Abschlussball nie mehr so die Füße gebrannt, und
damals kam's wenigstens vom vielen Tanzen …*

*Vielleicht finde ich ja auf dem Markt ein paar gute Prada-
Fakes, das wäre nicht schlecht. Sveni hat mir mal gesagt,
die gibt es überall in Asien – und total billig. Nur beim Zoll
darf man sich damit nicht erwischen lassen.*

Es grenzt fast an ein Wunder, dass wir den kleinen Markt
unterhalb der Hochstraße finden. Die Chance, in diesem
Leben noch einen Ausgang aus dem Labyrinth der fins-
teren Gassen zu entdecken, erschien mir nicht mehr allzu
groß.

Doch nun stehen wir von einer Minute auf die nächste
in Lilis Mega-Turbo-Shopping-Mekka – das Label-Paradies
schlechthin, zu sensationell niedrigen Preisen. Zwar dürfte
hier rund um die windschiefen Holztische, die zu beiden
Seiten der Straße aufgebaut sind, nicht ein einziges Stück
echt sein, doch Lili reicht die Attraktivität der großen Namen zum überglücklichen Staunen – und dazu die Tatsache,
dass bei den Fälschungen nicht wenig Geschick und entsprechend viel Chuzpe auf Asiatisch eingesetzt wurden. Die
geschickte Canvas-Kopie à la Vuitton, die eleganten Schuhe
im Prada-Stil, die Polohemden mit eingesticktem Ross und
Reiter, und an jedem zweiten Stand Hunderte DVD-Kopien
von Filmen, die gerade erst in Amerikas Kinos angelaufen
sind. Der ganze Kommerz krimineller Energie eben – und
Lili brennt auf Beute. Shop till you drop – nur mühsam kann
ich sie davon abhalten, schon am ersten Abend ihren ge-
samten Urlaubsetat unter die Leute zu bringen.

»Wir sind doch am Schluss der Reise noch mal hier. Was

weißt du, Lili, was du noch alles siehst. So lange solltest du wenigstens mit dem Kaufen warten.«

»Aber dann gibt es die süße Umhängetasche nicht mehr.«

»Du machst Witze. Die haben sie hier tausendfach kopiert.«

»Wurscht, sieht man ja doch nicht. Und was mache ich, wenn ich dann keine so tolle Tasche kriege?«

»Ich weiß nicht … einfach weiteratmen, würde ich vorschlagen.«

»Papa, du verarschst mich.«

»Haben wir ein Glück, dass hier niemand versteht, was du da gerade zu mir sagst.«

»Ich meine … du nimmst mich nicht ernst.«

»Stimmt. Mädchen in deinem Alter erheben normalerweise auch nicht den Anspruch, beim Kaufen ernst genommen zu werden. Aber heute Abend wird doch deine Seligkeit nicht von dieser Tasche abhängen, oder?«

»Hast du 'ne Ahnung. Ich habe nämlich noch nie so ein echt süßes, geiles Täschchen gesehen, noch *nie*. Was meinst du, wie die bei mir in der Klasse gucken werden.«

»Du wirst mir doch damit hoffentlich nicht sagen, dass du mit diesem Ding, das bei uns in echt ein paar Tausender kostet, in deiner Schule aufkreuzen willst?«

»Wieso, die *ist* doch nicht echt. Hast du selber gesagt.«

»Ja, schon. Aber das weiß doch keiner … und *du* wirst es bestimmt nicht sagen.«

»Nein, natürlich nicht. Krieg ich sie denn heute?«

»Nein, auf keinen Fall, Lili, das muss jetzt wirklich nicht sein.«

Es gibt Situationen im Leben, da müssen auch Väter eine gewisse Standhaftigkeit und ehernen Charakter zeigen!

Es ist total süß von Papa, dass er noch mal mit mir zurück-
gegangen ist und mir die Tasche gekauft hat. Wir waren
schon fast wieder auf dem Weg ins Hotel. Das Tollste an
der Tasche ist, dass ganz groß draufsteht, was es für eine
ist. Wirklich: der Hammer.
Ich muss in Bacolod unbedingt gucken, ob ich dazu ein
Paar passende Schuhe finde. Papa hat gesagt, dass die da
auch ganz billige Kopien haben. Jetzt freue ich mich doch,
dass wir schon morgen weiterfliegen …

Wir gehen noch essen. Auf dem Rückweg treffen wir auf
eine große Auswahl an Restaurants. Ich bin gespannt, wofür sich Lili entscheidet. Sie hat ja so oft danach gefragt,
wie original philippinisches Essen schmeckt (nein, nicht
das, was man in Münchner Asien-Bistros bekommt!), wie
die Lieblingsspeisen ihrer Landsleute heißen, ob man lieber Fisch oder Fleisch mag, welche Gewürze verwendet
werden und wie viel davon.

Lili wünscht sich jetzt einen Big Mac bei McDonald's. Es
dauert wohl noch ein Weilchen, bis unsere Tochter wirklich auf den Philippinen angekommen ist.

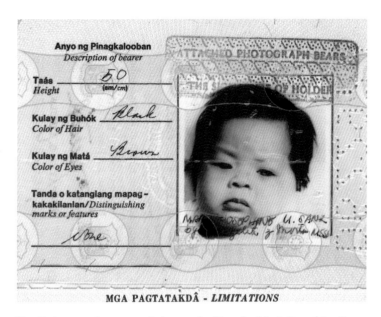

Anyo ng Pinagkalooban
Description of bearer

Taás _50_
Height (am/cm)

Kulay ng Buhók _Black_
Color of Hair

Kulay ng Matá _Brown_
Color of Eyes

**Tanda o katanglang mapag-
kakakilanlan/** *Distinguishing
marks or features*
None

MGA PAGTATAKDÂ - *LIMITATIONS*

Das Dokument des »ersten Lebens«: der Pass der Marie Josephine Sanz,
später genannt »Lili«

26. 11. 1986,
9 Uhr 50:
Familie
Schumann ist
komplett –
endlich!

Auf der Weihnachtskarte kann es jeder sehen: Aller guten Dinge sind
drei – von links: Sven, Lili und Tom

Weihnachten 1986 – es gibt auch für Uwe-Jens Schumann keinen
Zweifel am allerschönsten Geschenk

Heranwachsen in liebevoller Umarmung: Lili, 3, mit Mama Soldi und
Bruder Sven

Wettbewerb in »Cheese« – Tom, Lili und Sven, von links

Ein Bild der Gegensätze: Lili, 3, mit Nachbar Franz Dräxl in Windshausen

Ein bisschen Chinesisch muss schon sein ... Lilis Lieblings-Outfit mit zwei Jahren

Ich als Chinesin – wie Lili sich als Fünfjährige selbst sieht

Lili mit vier – wenn man gleich zweimal Heimat hat ...

5. Kapitel

Ich hatte Lili ein bizarres Inlands-Flughafengebäude in Manila versprochen, eine grellbunte Chaos-Welt. Eher ein Bretterverschlag als von irgendeinem Hauch des Jet-Daseins umweht, keine Aircondition, Sicherheitsvorkehrungen wie zu Zeiten der Gebrüder Wright, überall auf den Laufbändern Kartons mit kakophonisch krähenden Hähnen, die für die blutigen Hahnenkämpfe irgendwo in der Inselwelt bestimmt sind, und schmerzlich gackernden Hühnern, deren Schicksal wohl nur bis zu einem Bratofen auf Mindanao oder in Malaybalay reicht.

Enttäuschung pur. Unser Taxi hält vor einem Riesengebäude in kühn geschwungener Architektur, großzügiger ausgestattet, als ich es je irgendwo in Europa gesehen hätte, wohl temperiert auf circa 22 Grad, voll computerisiert, licht und freundlich. Zumindest hier ist Manila im 21. Jahrhundert angelangt. Doch irgendwie vermisse ich die alte Bruchbude von Domestic Airport, die mir, dem Reisenden nach romantischen Bildern, doch so viel mehr zu bieten wusste.

Auf der 20-minütigen Fahrt zum Flughafen hat sich Lilis Manila-Bild endgültig gewendet. Die grelle Neon-Werbung des Vorabends konnte noch den Dreck der Straßen übertünchen – doch nun, bei Tageslicht, nimmt Lili das ganze Ausmaß der Verschmutzung der Hauptstadt wahr: »Papa, ich habe noch nie eine so dreckige Stadt gesehen – warum tun die nicht etwas dagegen?« Ich will mich der Frage nicht mit einer leichten Antwort entledigen. »Kein Geld. Eine Stadt wie Manila muss mit etwa zwei Millionen Menschen fertig werden, die keine Arbeit haben, in den Slums leben.«

Als ich vor bald 25 Jahren zum ersten Mal nach Manila flog, da zeigte sich die »uralte Schöne«, als die Somerset Maugham Manila beschrieb, noch im auffällig saubereren Kleid: Ganze Heerscharen von Menschen in gelben T-Shirts mit der Aufschrift »Manila Aid«, roten Hosen und Strohhüten auf den kochenden Köpfen reinigten mit Reisigbesen die Rinnsteine und Trottoirs. Damals wollte sich Manila im Schönheitswettbewerb der asiatischen Metropolen noch um den Titel einer »First Lady« bewerben. Die Reichtum verheißenden Hochhäuser der Makati Shopping Center, die weiß strahlende Kolonial-Fassade des Manila Hotels, das geordnete, keineswegs chaotische Durcheinander auf den Boulevards – vieles stand auf der Haben-Seite, doch politische Korruption hat den Sumpf bis in die Städte schwappen lassen, hat gute Ansätze erstickt, Hilfen vernichtet und die Benachteiligten noch weiter in die endlose Verzweiflung gestürzt. Wer einmal durch die ewig weiterwuchernden Slum-Pestbeulen am wenig malerischen Meeresufer von Manila gegangen ist, der hat sich sein Stück Demut für den Rest seines Lebens abgeholt.

Weil ich als Journalist darüber berichtete, durfte ich einige Jahre lang die »schwarzen Listen« der Marcos-Ministerien mit meinem Namen bereichern – ein Beamter der Einwanderungsbehörde erwies sich einmal am Flughafen als so freundlich, mir dieses schwarz auf weiß auf seinem

Computer-Bildschirm zu zeigen, um mich dann doch einreisen zu lassen. Ich weiß auch nicht mehr, wie sich damals der Geldschein in meinen Pass verirren konnte. Es ist nun mal so: Man schimpft stets mordsmäßig über die Korruption – bis sie einem auch mal eine Tür öffnet. Aber so wird das Gewissen beruhigt, das ist in diesem Ausmaß doch nur eine Art »Notwehr«, der sich jeder mal bedient. Nun, besonders stolz macht das wirklich nicht.

»Aber du hast mir immer erzählt, dass es auf den Philippinen auch viele Bodenschätze gibt und eigentlich genug zu essen für alle«, unterbricht mich Lili in meinem Rückwärtssehen.

»Das ist ja auch so – nur bekommen bei weitem nicht alle Menschen das, was ihnen zustehen sollte, Lili.«

»Und warum nehmen sie es sich nicht einfach?«

»Du weißt, dass das nicht so leicht ist – auch bei uns nicht. Da gibt es Gesetze und Leute, die es nicht gerne haben, wenn man ihnen Sachen wegnimmt, von denen sie glauben, dass sie ihnen ganz alleine gehören.«

Mir fällt auf, dass ich jetzt mit Lili in einer Weise rede, die vielleicht für eine Zwölfjährige richtig sein mag, aber sie ist 16, sie ist verständig und interessiert! Vielleicht macht das die Reise, dieses Brennglas, unter dem alle Phasen von Lilis gewendetem Leben so deutlich werden. Ich merke, wie mir das Blut in den Kopf gestiegen ist – aus Scham, in diesen gönnerhaften Komm-ich-nehm-dich-bei-der-Hand-und-erklär-dir-die-Welt-Ton verfallen zu sein, den ich selbst hasse. Und ich nehme mir vor, sofort Lili wieder so zu behandeln, wie sie ist: erwachsen. Auch wenn ich weit davon entfernt bin zu glauben, dass mir dies immer gelingen wird. Ich habe sie in diesem Land als Baby abgeholt – mich begleiten diese Bilder auf Schritt und Tritt.

Also sage ich jetzt: »Es ist wohl schon lange viel verkehrt gelaufen in diesem Land, auch wenn wir nicht unbedingt das Recht haben, ständig darüber zu urteilen, weil wir mal kurz als Touristen in die inneren Angelegenheiten reinschauen. Aber das heißt auch nicht, dass wir über die Armut einfach hinwegsehen müssen.«

»Das werde ich auch nicht«, sagt Lili noch resoluter als sonst bei ihr üblich. »Und *ich* darf das auch, es ist *mein* Land, zumindest ein Stück weit, oder?«

Ich bin weniger über das erstaunt, *was* sie sagt, sondern *wie* sie es jetzt sagt. Und ich versuche, nach dem Wandel zu forschen.

»Sicher. Darin haben wir dich ja auch immer unterstützt. Aber täusche ich mich, oder bist du über etwas besonders wütend?«

Lili rückt meistens schnell damit heraus, was vor ihrem Herzen Posten steht. »Ich habe vorhin vom Auto aus gesehen, wie zwei Mädchen – die waren noch total klein – eine irre schwere Karre gezogen haben. Ich finde das so saugemein, wenn man das mit Kindern macht, ich kann das gar nicht sagen. Wenn ich so was in Bacolod sehe, dann ist aber was los.«

Wir sind auf dem Weg zum Abflugschalter, ein Gepäckträger rollt unsere Koffer auf einem Wagen hinter uns her. Ich lege meinen Arm um Lilis Schulter, weil ich sie irgendwie trösten, beruhigen will. Doch sie schubst meine Hand gleich weg.

»Berühr mich ja nicht, Papi«, zischt Lili und schaut sich wieselflink um, ob jemand Zeuge ist bei dieser »endspeinlichen« Szene, »es reicht doch sowieso schon, dass alle denken, ich wär deine Freundin.«

Scheiße – unser Flug nach Bacolod hat Riesen-Verspätung!
Zwei oder drei Stunden, sie wissen es noch nicht genau
bei Philippine Airlines. Nun hängen wir hier rum … wie ich
das hasse! Und in Bacolod kommen wir nun nicht mehr bei
Tageslicht an, dabei wollte ich die Stadt so gerne erst ein-
mal aus der Luft sehen – auch wenn Papa gesagt hat, dass
wir übers Meer reinkommen, die Landebahn soll sogar bis
ins Wasser gehen. Trotzdem: Ich wäre gern bei Tag ange-
kommen!

Jetzt habe ich viel Zeit, mir hier am Gate die Leute an-
zusehen, die mit uns fliegen werden – es sitzen ja alle völ-
lig genervt rum. Alle von hier, zumindest sehen sie aus wie
Philippinos (schreibt man das noch mal mit zwei »l« oder mit
zwei »p«? Ich krieg das immer durcheinander). Und wie viel
Handgepäck die dabeihaben! Drei Taschen jeder – mindes-
tens. Und oft noch irgend so was ganz Sperriges wie Gar-
tengeräte oder einen halben Automotor oder so. Tatsache!

Was ich besonders gut finde, ist, dass die Philippinos
hier echt nicht sehr groß sind. Viele erscheinen mir sogar
viel kleiner als ich, obwohl sie älter sind. Es ist merkwürdig,
plötzlich ganz viele Menschen zu sehen, die so ausschaun
wie ich. In München bin ich die, die eigentlich immer auf-
fällt. Hier ist es der Papa. Die müssen sich doch vor ihm
fürchten, weil er so groß ist – nein, lang, da verbessert er
mich immer. Und einige Kilos zu viel hat er auch, aber das
hört er nicht so gerne. Die müssen ihn hier für den Riesen
Rübezahl halten.

Wie süß, da hinten das kleine Mädchen in Pink, das T-Shirt
hat genau meine Lieblingsfarbe. Ob mein Kind auch mal so
niedlich aussehen wird? Schlitzaugen, aber sehr schöne, eine
kleine Nase, gar nicht so breit, ganz dunkle, wunderschöne
Haut. Aber wenn ich einen aus Deutschland oder Europa

heirate, dann wird unser Nachwuchs wohl etwas runder und heller sein. Eigentlich schade. Ich bin ja schon eine Mestiza, also keine ganz echte Philippina, weil zwar meine Mutter von hier kommt, aber mein Vater aus China, von wo seine Familie mal geflüchtet sein muss. Wahrscheinlich mit dem Boot. Gibt eine Menge Halbchinesen hier, habe ich im Reiseführer gelesen, auch viele Spanier und Japaner, das liegt an den Besatzungszeiten.

Was ich unheimlich cool finde hier am Airport, ist der große Massage-Salon ganz hinten am Ende der Abflughalle. Da kann man sich noch mal so richtig durchkneten lassen, bevor man wegfliegt – oder wenn der Mist-Flug Verspätung hat! Glaubt mir sicher wieder keiner in der Schule, dass es hier so was mitten im Flughafen gibt.

Papa sagt, es wäre auffällig, dass nur Männer in den Massage-Salon gehen. Papa spinnt – die machen doch nicht solche Sachen mitten auf dem Flughafen! Das wäre ja echt die Härte…

Wir holen uns gegen den gröbsten Hunger – mit einem freundlichen Entschuldigungs-Gutschein der Airline – am Erfrischungsstand ein paar Reisbällchen mit einem Klacks undefinierbarer Sauce, dazu einen Saft, der so süß ist, dass er einem die Plomben aus den Zähnen zieht. Ich überantworte später das ganze »Menü« heimlich einem Papierkorb – aber Lili haut rein, als hätte sie zwei Tage nichts mehr zu essen bekommen. Heute Morgen, beim Frühstück am Hotel-Büfett, hat sie sich Dim Sum en masse auf den Teller geladen, jene wohlschmeckenden gefüllten Teigtaschen, die bei jeder chinesischen Mahlzeit in einem runden Bastkorb angeboten werden. Dim Sum am frühen Vormittag – da dreht sich mir der Magen um …

Eine giggelnde Meute japanischer Austauschschülerinnen hat jetzt uns gegenüber die Sitzplätze erstürmt, ausgelassen und albern wie alle Teenager, die in Kompaniestärke auftreten. Lili hat Live-Kino in Reinkultur: Sie versucht sich vorzustellen, was die Kirschblüten-Kids so zu tuscheln, zu lachen, zu rufen, sich zu erzählen haben.

»Meinst du, die reden auch über Jungens, Papa?«, fragt Lili nach einer Weile – bemüht, ihrem Tonfall das gehobene Interesse nicht unbedingt anmerken zu lassen.

»Na klar.«

»Woher willst du das denn wissen? Du verstehst doch auch kein Japanisch.«

»Das nicht. Aber alle Mädchen in dem Alter sprechen über Jungens. Oder?«

»In *dem* Alter – ja«, meint Lili ziemlich abgeklärt. Bei ihr ist das *natürlich* schon ganz anders. Sie ist ja ein Jahr älter, mindestens.

»Warum sagst du das so komisch?«, will Lili wissen.

»Oh, gar nicht, ich bin nur froh, dass du dich noch erinnern kannst.«

Im Falle von Ironie kann meine Tochter Blicke aussenden, die auch schusssichere Scheiben durchbohren würden. Also lenke ich sie besser ein wenig ab. »Ich kann diese Mädchen …«, und ich deute auf Tokios junge Garde, »überhaupt nicht auseinander halten. Da sieht eine aus wie die andere.«

Doch Lili fühlt keine Friedenspflicht. »Stimmt ja überhaupt nicht«, protestiert sie patzig und von oben herab, »*ihr* seht das nur nicht, *ihr* mit euren deutschen Augen.« Ein bisschen Solidarität mit dem *homo asiaticus* mag schon sein …

Gegen 18 Uhr – endlich: Aufruf des Fluges PR 135 nach

Bacolod von Gate 7. Wir haben uns in die Schlange eingereiht. Bevor wir die Glastür passieren, sagt Lili: »Ich vermisse meine Mami – und meinen Hund.«

Hoch über den Wolken sitzt Lili etwas mehr als eine Dreiviertelstunde auf ihrem Platz 14 A und schaut aus dem kleinen Fenster, obwohl es dort mit schwindendem Tageslicht immer weniger zu sehen gibt. Vielleicht ein, zwei Mini-Inseln im grünen Meer, die Lili ein wenig erhofftes Bacardi-Feeling vermitteln, dann wieder hoch aufgetürmte Wolkenberge, die wie Vorboten eines bedrohlichen Tropensturms aussehen.

Ihre fünf Zeitschriften à la »Glamour Girl«, die sich Lili noch in München als Lesestoff gegen die äußerste Langeweile eingepackt hat, bleiben während des ganzen Fluges im grünen Eastpack. Lilis Gedanken gehen spazieren – dort hinaus in die nun hereingebrochene Dunkelheit, die die 7107 Inseln dieses Landes verschluckt.

Ein bisschen Schiss hab ich doch. Ich weiß ja nicht so genau, was da alles passiert in Bacolod. Vielleicht habe ich mich ja nur darauf gefreut, so weit zu verreisen, auf den Flug. Ich bin mir nicht sicher, ob mir Bacolod gefällt. Ich kenne dort kaum jemanden. Ja, auf Salvi und Jed, da freue ich mich sehr, wir hatten viel Spaß zusammen in München und sind sehr schnell Freunde geworden. Jed hat mir erzählt, was für ein tolles Haus seine Eltern haben und was für klasse Autos (sein Vater ist Sammler von alten Autos, was er sich als Zuckerrohr-Farmer sicher auch leisten kann). Hoffentlich ist der Swimmingpool im Garten der Jalandonis wirklich beleuchtet, dann kann ich heute Abend noch schwimmen gehen.

Klar, das wird schon toll. Aber was weiß ich, was mich

*sonst noch erwartet. Ich habe Papa vorhin am Flughafen in
Manila noch mal gesagt, dass ich keinen Bock darauf habe,
durch einen Slum zu fahren. Und auch nach San Sebastian,
wo ich geboren bin, will ich nicht. Glaube ich zumindest ...
Mich macht es verrückt, dass ich nicht genau weiß, was ich
will. Das passiert mir sonst nie.*

*Aber nun kommen wir erst mal an. Draußen ist es total
schwarz. Mörderschwarz.*

Ich habs gewusst: Ich kann mein Herz schlagen hören.

Lili hat eine Hand zwischen die beiden von schwarzem Ho-
senstoff bedeckten Knie gesteckt, und ihre Füße baumeln
nervös hin und her. Ich wünschte, ich könnte jetzt mehr
für sie tun. Ihre Sorgen, ihre mulmigen Gefühle sind da,
natürlich. Aber es ist wie bei einem unterirdischen Fluss –
man sieht ihn nicht, doch man weiß, dass er vorhanden ist.
Das einzig Gute, das ich jetzt für sie tun kann, ist, sie jetzt
nicht mit Bemerkungen »zuzumüllen«, wie sie wohl sagen
würde.

Ich gebe zu: Auch mir ist mulmig, und das gar nicht so
knapp. Gleich sind wir in Bacolod. Meine Handinnen-
flächen glänzen trotz Air-Condition vor Feuchtigkeit. Ich
beginne, an meinem Hemd zu zupfen, ziehe mit Daumen
und Zeigefinger der Rechten an meinen Haaren neben dem
Ohr – was meine Frau Soldi bei mir schon lange als Zeichen
von äußerster Nervosität erkannt hat.

Und ich bin gerührt. Teufel noch mal.

Vorhin habe ich ausgerechnet, dass dies wohl mein 16.
Besuch in Bacolod sein muss. 16-mal in dieser Stadt, die
mit Sicherheit nicht gerade zu den großen Touristen-At-
traktionen gehört. Da fühlt man sich schon so ein bisschen
wie jemand, der heimkommt (na ja, ich will nicht übertrei-

ben). Niemals bin ich auf den Philippinen woanders gewesen als in Manila (praktisch nur zum Umsteigen) oder in Bacolod, wo ich neben einem lohnenswerten Projekt zwei gute Hände voll prächtiger Freunde gefunden habe. Cebu, Mindanao, Boracay – die philippinischen Traumstrände mit Puderzuckersand und flüsternden Palmen kommen irgendwann später mal dran, sage ich mir jedes Mal.

Und was wird mich jetzt mit Lili in Bacolod auf der Insel Negros (die etwa so groß ist wie Rheinland-Pfalz) erwarten? Gedanken ohne Ufer.

Die Maschine befindet sich im Sinkflug, das Durchstoßen der Wolken löst heftige Turbulenzen aus. Die Stewardess hat bereits ihren Spruch durchs Bordmikrophon hinter sich. Als die Räder ausgefahren werden, geht ein mächtiger Ruck durch das Flugzeug. Lili dreht blitzschnell den Kopf zu mir, die Augen weit aufgerissen. Alles okay, junge Dame.

»Oh, Gott, ich dachte schon …« Und dann sagt sie etwas, was mich total umhaut: »Das wäre doch jetzt ein rechter Witz gewesen, nicht wahr, Papa?«

Ich weiß nicht, woher ich ein Grinsen nehmen soll.

Die Maschine hat sanfter aufgesetzt, als zu vermuten war. Der Rückschub drückt uns noch einmal heftig ins Polster. Dann werden die Triebwerke leiser und leiser, ruhig rollt die Boeing aus. Ich sehe an Lilis Kopf vorbei aus dem Fenster: Die paar Lichter da vorne gleich neben der Runway müssen zu St. Vincent gehören, dem Altersheim für die Armen, die Entwurzelten. Dann dürfte kurz davor Holy Infant, das Waisenhaus, genannt *Asilo*, gewesen sein. In Bacolod stehen solche sozialen Einrichtungen an der Peripherie der Zumutbarkeit, wo wirklich niemand sonst leben möchte.

Plötzlich wächst Lilis Hand zu mir rüber. »Papa, ich hab dich lieb.«

»Ich dich auch, Lili, ich dich auch.«

Jetzt beginnt es wieder langsam heiß zu werden in der Maschine.

6. Kapitel

Als wir die Treppe vom Flugzeug runtergehen, kann ich zum ersten Mal so richtig den Flughafen von Bacolod sehen. Ein ziemlicher Witz ist das! Das »Hauptgebäude« ist so groß wie eine Scheune – und dazu noch ziemlich dunkel. Links daneben sind ein paar Gitter, auf die wir direkt zugehen. So was wie Passkontrolle oder Gepäckhalle scheinen die hier nicht zu kennen. Dagegen war ja noch der Flughafen von Hanoi ein Palast, wenn ich mich recht erinnere.

Es ist komisch, plötzlich hier zu sein ... in Bacolod! Irre aufregend. Wie oft habe ich das Wort ganz selbstverständlich ausgesprochen, weil es ja doch irgendwie zu mir gehört. Und nun bin ich hier.

Papa scheint genau zu wissen, wohin er geht. Und die anderen marschieren in die gleiche Richtung. Aus dem Dunkel taucht einer in Uniform mit Maschinenpistole auf. Er sieht aber trotzdem ungefährlich aus, fast komisch, die Jacke ist ihm viel zu groß. Und dann nickt er auch noch ganz freundlich zu mir rüber ... oder zu Papa ... oder zu den Japanerinnen. Ich weiß nicht so genau.

Irgendwie klopft mir schon das Herz.

Erst als wir durch die große Öffnung des Gitters gegangen sind, eine Art Tor, kriege ich so richtig mit, was Sache ist: Draußen vor diesem riesigen »Käfig«, in dem das Gepäckband steht, sind Hunderte von Menschen, die jetzt anfangen zu rufen, zu winken, die sich gegenseitig gegen den Gitterdraht schubsen – so was habe ich noch nie gesehen. Und gehört auch noch nicht: Die machen einen Lärm wie am Faschingsdienstag auf dem Viktualienmarkt. Ein paar sind darunter, die haben sogar irgendwelche Spruchbänder dabei, winken mit so kleinen Wimpeln. Mich haut es fast um.

Wahrscheinlich holen die die japanischen Mädchen ab. Klar doch, die Girlies hinter mir kichern herum und sind ganz aufgeregt.

Und dann sehe ich, dass auf dem einen Plakat LILI steht und ein Stückchen weiter SCHUMANN. Das andere, was drum herum steht, kann ich aus der Entfernung nicht lesen. Aber auf die Reihe bekomm ich sowieso noch nichts. Ich glaub, ich fall in Ohnmacht …

Als ich mich dann zu Papa umdrehe, raffe ich es erst richtig: Er schickt lauter Kusshände in die Richtung, wo direkt hinter dem Gitter die ganzen Kinder und, soweit ich sehen kann, ein paar Erwachsene stehen, besser: herumhüpfen wie die Bekloppten. Dann geht Papa nach vorne, und schon kommen ihm lauter Hände durch die Löcher in der Absperrung entgegen. Da weiß ich, dass ich es völlig verplant habe: Die meinen uns! Ach du Scheiße, nee!

Der Papa hat mich aber ganz schön reingelegt. Und ich hab wirklich nichts gecheckt!

Ich schwöre – ich bin gänzlich unschuldig an diesem Aufmarsch! Ich habe noch nicht ganz umrissen, wer da alles zum Flughafen gekommen ist. In der ersten Reihe, winkend mit Wimpeln, stehen jedenfalls die Kinder von »Welcome Home«. Alle sind taubstumm – aber mit Lauten der Freude tragen sie nicht unerheblich zum Lärm bei, der hier am Flughafen sowieso schon jede Ankunft einer Maschine aus Manila oder dem benachbarten Urlaubs-Traum Cebu begleitet. Ich kenne diese so liebenswerten Kinder und Jugendlichen, die im Boarding House von »Welcome Home« leben, seit vielen Jahren. Es ist die zweite, dritte Generation, die eine Chance erhält, mit ihrer Behinderung eine integrierende Schule zu besuchen und für ihre Zukunft zu lernen – was den meisten, die fernab auf dem Land geboren sind, ohne die Initiative unserer Freundin Salvacion Tinsay und des irischen Columban-Priesters Joseph Coyle unmöglich gewesen wäre.

Vor nunmehr 23 Jahren hatte es mich für eine Reportage nach Bacolod verschlagen. Ich habe die Not der Kinder erlebt, gesehen, wie sie im Armenkrankenhaus an Unterernährung sterben, als Straßenkinder dahinvegetieren. Durchschnittliche Lebenserwartung: sieben Jahre! Das lässt niemanden unberührt. Freunde wie Bruno, Andy und Bernhard haben mit mir einen Verein gegründet, den »Bacolod Patenkinder Verein« in München, den Hunderte von Spendern unterstützen. Wir kümmern uns alle ehrenamtlich darum, dass benachteiligte Kinder Nahrung und Ausbildung erhalten, dass Slumkinder in Tagesheimen untergebracht werden, Straßenkinder ein Zuhause bekommen, Hilfe zur Selbsthilfe gegeben wird.

»Du machst das doch, um dein Gewissen zu beruhigen«, so hat mir mal einer vorgehalten. Mir fiel keine andere Antwort ein als: »Ja.«

Das eigentliche Herz des Vereins befindet sich aber in Bacolod. Und wenn man ganz ehrlich zurückschaut auf die vielen Jahre, in denen es nun schon diesen engen Kontakt zwischen München und Bacolod gibt, so kann das Resümee nur lauten: Wir sind von diesen Kindern erheblich mehr beschenkt worden, als wir ihnen jemals haben geben können.

Einen wesentlichen Anteil daran hatten für mich stets die Kinder von »Welcome Home«, jene, die zwar außerstande sind, ein verständliches Wort zu artikulieren, aber mit Gesten und herzlicher Nähe jedes noch so in Schieflage geratene Gemüt aufzupäppeln wissen.

Und nun stehen sie alle da vorne, freuen sich bis in die letzte Haarspitze, wenn man ihre dargereichte Hand abklatscht, schwenken wie wild die um Bambusstücke gewickelten Papierfähnchen mit der Aufschrift »Mabuhay – Welcome from my heart« und lachen uns an, dass es unseren Seelenhaushalt für Monate bis oben anfüllt.

Hinter ihnen für eine Philippina ungewöhnlich hoch aufragend Agnes Jalandoni, Salvacion Tinsays älteste Tochter, der schöne, kluge Geist der Unternehmung »Welcome Home«. Als ich sie kennen lernte, hatte sie gerade als Studentin in Manila und den USA erfolgreich ihre Examen absolviert – sah aber, Spross einer sehr begüterten Familie, kein Ziel vor sich, das anzusteuern ihr lohnenswert erschien.

Heute ist Agnes (noch reicher) verheiratet, hat zwei Söhne – und nicht zuletzt lebt sie auch für diese jeweils 30 bis 40 Kinder von »Welcome Home«. Für deren Fortkommen organisiert sie sich schwindlig, stellt mit unantastbarer Autorität unumstößliche Regeln auf, redet ihren großbürgerlichen Freunden so manchen Scheck aus den engen Taschen. Sie sagt ohne jegliches Pathos in der Stimme: »Was tun zu können, wirklich was voranzutreiben – das bringt einen täglich so ein kleines Stückchen der Wolke neun näher.« (Nach unseren Glücks-Berechnungen ist es die *siebente* Wolke!) Und dann lacht sie sich aus der Verlegenheit heraus.

Agnes rudert nun mit den Armen, dass sie ihr schier abzufallen drohen. Es gilt den Gepäckträgern diesseits des Gitters, die sie jetzt mit gewohnter Bestimmtheit zu unserem Gepäck dirigiert und ihnen bedeutet, den ganzen Schamott ohne Umschweife nach draußen zu ihrem knallroten Kleinbus zu bringen.

Lili lässt immer noch die farbig-turbulente Flughafen-Szenerie auf sich einwirken wie den Inhalt einer Wundertüte. Die vielen Winkenden bringen sie in Verlegenheit – was bei ihr wohl zuletzt vorgekommen ist, als sie mit ihrer Monster-Zuckertüte zur Einschulung gehen musste.

Plötzlich schreit sie los, dass sich Hunderte von Köpfen erschrocken in ihre Richtung wenden: »Papa, die klauen unsere Koffer!« Und eindeutig spießt ihr rechter Zeigefinger zwei arme Philippinos auf, die sich gerade unter der Last unseres Übergepäcks ihren Tageslohn verdienen.

Ich bin äußerst dankbar für die Erschaffung des Turms von Babylon, denn so konnte wenigstens niemand wörtlich verstehen, womit sich Lili in Bacolod einführte. Es ist ihre erste philippinische Lektion in Tue-nie-selbst-etwas-womit-ein-anderer-auch-ein-bisschen-was-verdienen-kann. In diesem Fach werden noch ganz andere Lehrstunden für sie folgen.

Als wir die Grenze nach draußen überschreiten – auf die Besucher-Seite des Käfigs –, müssen wir es einfach geschehen lassen, in Willkommens-Freude untergetaucht zu werden. Lilis schwarzen Schopf – hier schon lange nicht mehr so gut auszumachen wie daheim – sehe ich im Gewirr der Jugendlichen, die sie jetzt unbedingt sofort und auf der

Stelle abküssen müssen, nur ab und zu hochwogen, bevor Lili wieder von irgendeinem braunen Arm zur nächsten Herzung vereinnahmt wird.

Es ist Agnes, die uns aus der Menge herauspflückt und den »Welcome Home«-Kindern in flinker Gebärdensprache klarmacht, dass wir noch eine Weile im Lande sind – und dann sitzen wir, trotz beinahe gnädiger Wärme der Abendstunden, total durchgeschwitzt im Auto. Im vorsichtigen Anfahren werden von uns noch ein paar Winkeinheiten und die obligaten Kusshände erwartet. Wenn man in diese Kindergesichter schaut, fällt es einem wirklich nicht schwer, spontane Zuneigung zu empfinden.

Ich muss während der Fahrt zum Haus der Jalandonis mit Agnes gleich die letzten Neuigkeiten durchhecheln – »Oh, sorry, der ist gestorben, ah, die hat eine Arbeitsstelle in Manila bekommen«. Lili sagt kein einziges Wort. Sie schickt ihre Gedanken durchs Fenster auf die dunklen Straßen, durch die wir nun fahren, bevor wir in Bacolods ewig lärmendes Zentrum kommen. Da ist er wieder, dieser »unterirdische Fluss«, dem wir hier so oft begegnen werden.

Das also ist Bacolod. Viel kann ich nicht sehen, aber was ich sehe, ist nicht gerade schön. Doch das ist ja meistens so in der Nähe eines Flughafens. Hoffentlich wird das später besser. Ich meine: Ich wohne jetzt hier für mehr als eine Woche.

Ich bin also in Bacolod. Und vor zehn Tagen hatte ich davon noch keine Ahnung! Was mir zuerst auffällt: Plötzlich bekommen alle Leute, von denen Mama und Papa so viel gesprochen haben, ein Gesicht: Agnes – sie ist wirklich hübsch für eine Vierzigjährige! Sie ist viel größer als die meisten Philippinas, und ihre Haut ist wesentlich heller, fast weiß. *Agnes ist wie ich Halbchinesin. Ihr Vater stammt vom Festland China, wie meiner. Sie sind wohl beide mal irgendwann geflüchtet. Agnes' Vater aber ist reich geworden, spätestens dann, als er Salvi geheiratet hat. Deren Familie besitzt Reisebüros, Farmen, große Urwälder, Fischteiche, sogar eine eigene kleine Insel und ein Privatflugzeug und sonst was noch, hat mir Jed erzählt. Aber das merkt man Salvi gar nicht an, so wie ich sie bisher bei ihren Besuchen in Deutschland kennen gelernt habe. Sie ist ganz warm, nimmt mich gerne in den Arm und sagt immer, ich soll »Tita« zu ihr sagen – das heißt »Tante«. Tita Salvi – ich habe mich sehr daran gewöhnt.*

Natürlich hat Salvi meine philippinischen Eltern nicht gekannt. Mein Vater war Fischer, hat Bobby, Salvis Sohn (sie sind sieben Kinder!), mal aus Zufall herausgefunden. Es ist doch immer so: Man kann nichts dafür, ob man auf die reiche Seite fällt oder nicht, und bei mir hat es nicht geklappt, sonst würde ich heute wohl hier wohnen und zur High School gehen. Komischer Gedanke.

Ich glaube jedenfalls nicht, dass ein Reicher in Bacolod einen Fischer kennt. Obwohl: Das stimmt ja nicht. Salvi kennt meine Mutter. Sie hat sie einmal getroffen, als sie die Papiere unterschreiben musste, die für meine Adoption nötig waren. Sie hat mir erzählt, dass meine Mutter nicht sehr groß ist und kräftig gebaut sein soll. Ich habe da sicher einiges von ihr geerbt (leider!). Aber Salvi hat dann meine Mutter nie wiedergesehen, nur noch mal von einer Lehrerin gehört, dass sie aus San Sebastian weggegangen sein soll, angeblich nach Manila, um Arbeit zu finden. Das ist für meine Mutter und meine Geschwister ganz bestimmt nicht sehr lustig gewesen. Aber ich mag jetzt nicht traurig sein. Ich bin ja gerade erst angekommen.

Die Kinder am Flughafen fand ich voll süß. Es ist schön, dass sich so viele auf mich gefreut haben. Klar, und auf meinen Papa auch. Ein bisschen komisch ist es schon, dass die alle nicht sprechen und auch nicht hören können (nein, komisch kann man wohl nicht sagen – aber etwas Besseres fällt mir nicht ein!). Und sie machen ziemlich viel Krach, wenn sie dennoch versuchen zu sprechen, direkt irre. Das geht dann reichlich durcheinander.

Hoffentlich sehe ich die Kinder vom »Welcome Home« schon bald wieder. Ich darf nicht vergessen, es Papa zu sagen. Vielleicht ist es ja ganz schön, wenn ich mal bei ihnen übernachte, um sie besser kennen zu lernen, zu sehen, wie sie zusammenleben. Aufgefallen sind mir am Flughafen außerdem ein Mädchen und zwei Jungen, die etwas weiter wegstanden. Ich glaube nicht, dass sie taubstumm sind, weil ich sie nicht mit den Händen reden gesehen habe. Sie machten einen riesig netten Eindruck. Es wäre toll, wenn ich hier ein paar Freunde hätte, das macht es doch viel spannender.

Das Stadtzentrum von Bacolod ist ja eher weniger schön. Die Häuser sehen nicht besonders sauber aus. Na ja, aber hübsch sind die vielen kleinen Stände für Obst oder Fisch oder DVDs. Och, ich kann mir schon vorstellen, dass ich da das eine oder andere finden werde.

Und da drüben links hat es sogar so etwas wie ein Shopping Center. R-O-B-I-N-S-O-N-'S macht gar nicht mal einen so üblen Eindruck. Und mehrere Kinos gibt es wohl auch, sogar hammermäßige Filme, die bei uns noch gar nicht laufen. Na, ist ja schon besser.

Vielleicht können wir schon heute Abend mal hingehen, es ist sicher bis spät geöffnet. Ich muss mir unbedingt den Weg merken. Hoffentlich sind wir bald da. Ich krieg das sonst mit den vielen Kurven nicht geregelt. Und ich hab immer gedacht, Bacolod wär viel kleiner, hörte sich einfach so an.

Warum, verdammt, weiß ich nicht mehr über den Ort, in dem ich geboren bin!?! Na, jetzt werde ich mir ja Bacolod ansehen ...

Ob sich das furchtbar anhört, wenn ich so eine oberflächliche Meinung von meiner Heimatstadt habe? Aber ich finde, dass das Wort Heimat in Verbindung mit mir auch nicht gerade das Wahre ist.

Bacolod – wie beschreibe ich diese Stadt mit 400 000 Einwohnern am besten? Es ist die viertgrößte Stadt der Philippinen, mit 16 000 Hektar Fläche, direkt am Meer gelegen. Die höchste Erhebung in der näheren Umgebung ist der Mount Kanlaon, ein Vulkan von 2465 Metern über dem Meeresspiegel (spuckt noch gelegentlich). In der Stadt gibt es Bemühungen um Industrieansiedlungen, um die Stadt herum Zuckerrohrfarmen und unüberschaubare Fisch-Farmen. Die Jahresdurchschnittstemperatur liegt bei 26 Grad Celsius. Erstmals zur Blüte gebracht wurde Bacolod von den spanischen Eroberern Esteban Rodriguez de Fugueroa und Juan de Aguirre im Jahre 1565 (die Japaner kamen auch mal als Besatzer). Die Sprache ist Ilongo, die Schulsprache oft Englisch. 98,9 Prozent der Bevölkerung sind Katholiken. Besondere Attraktionen: hinreißend bunte Märkte, Strände (aber bei weitem nicht so ansichtskartenschön wie in Boracay), Hahnenkämpfe im Stadion, Fiestas wie das Maskara-Festival, die Kipot-Wasserfälle bei Bago. Was noch?

Klar, der anarchische Straßenverkehr, nichts läuft hier in ruhigen Bahnen, und hinter jeder Villengegend wuchert der nächste Slum, Geschwüre von geradezu obszöner Armut. Von Santo Nino, dem größten dieser Pappendeckel-Wohn-Kraken, gibt es die schönste Aussicht aufs Meer, wie ein Trostpflaster, vorbeiziehende Schiffe, der Hafen, das aufgeschüttete Land, auf dem vor 20 Jahren eine Million Menschen dem Papst lauschten, als er seinen gläubigen Kindern eine bessere Zukunft versprach und Familienplanung verdammte. Im Provincial Hospital, der einzigen ärztlichen Anlaufstation für die Unterprivilegierten, ist die Tbc-Station hoffnungslos überbelegt, und auf der Kinderstation sterben immer noch reihenweise Säuglinge an Unterernährung.

Nein, ganz ohne Bitterkeit kriege ich eine Kurzbeschreibung von Bacolod nicht hin. Das hat mit dem rumpelnden Gewissen zu tun, denn man fühlt sich angesichts so großen Elends – und erst recht in der zunehmend auf Hochglanz polierten Gegenwart aus dem Boden gestampfter Konsumpaläste – irgendwie permanent schuldig, das streift man nicht ab.

Schönheit ist in diesem Bacolod selten ein äußerlicher Wert, auch wenn dieser urbane Moloch im Laufe der vergangenen Jahrzehnte an Sauberkeit und Übersicht ein wenig hinzugewonnen hat. Um dieser Stadt Bacolod dennoch nahe zu sein, ja, sie zu lieben (das geht durchaus), muss man sich nur einem ergeben: ihren Menschen. In Bacolod findet man neben einnehmender Herzlichkeit eine geradezu selbstvergessene Gastfreundschaft allerorten, und dieses erst recht und buchstäblich in den kleinsten Hütten. Dort, wo die Existenzen am schmerzhaftesten zu ertragen sein müssen, genau dort wird jedem Fremden eine Aufmerksamkeit und Nähe anvertraut, die Rührung und kostbare Momente schafft. Father Joe Coyle, der irische Priester, brachte es wieder einmal auf den Punkt: »Gegen Falschheit und Intoleranz kann ich mich wehren – nicht gegen das Lächeln dieser Leute hier. Was habe ich schon anderes tun können, als mich diesen so unverschämt aufrichtigen Menschen einfach zu ergeben.« Und er wäre wohl kaum Father Joe gewesen, wenn er nicht eine Bemerkung nachgeschoben hätte: »Gegen so eine globale Liebesbeziehung eines Priesters hat noch nicht einmal mein Vatikan etwas einzuwenden!« Und das meinte der Seelsorger einmal ausnahmsweise nicht ironisch!

Die Jalandonis, zu denen wir uns an diesem Abend auf den Weg machen, wohnen im Santa-Clara-Bezirk. Das bedeutet: hohe, dicke Zäune um einen Campus von etwa 100, 200 Prachtvillen, hermetisch bewachter Wohlstand unter Riesen-Palmen, Nannys in adretten, hellblauen Uniformen, die Babys in schnittigen Kinderwagen über die peinlich sauberen Straßen schieben, üppige Hibiskus-Pracht, die sich über die Mauern ergießt, wütendes Hundegeknurre hinter jedem Extrazaun, der die reiche Enklave doppelt sichert vor den Begehrlichkeiten der Ausgeschlossenen.

Mae Jalandonis Haus überragt die der anderen, was schon von der Straße her zu sehen ist. Mae, Agnes' Mann, wird die Frage, wie viel Morgen Land seine Farmen bewirtschaften, wohl nie so ganz beantworten können. Auf Negros, wie die Insel heißt, die Bacolod zu ihrer nördlichen Hauptstadt gemacht hat, dürfte er wohl einer der Herren über die größten Ländereien sein. Das müsste Mae und seiner vielköpfigen Familie eigentlich automatisch das Image vom ausbeuterischen Zuckerbaron geben, der seine Leute mit Hungerlöhnen nach Hause in ihre armseligen Hütten schickt und nichts für die elend vernachlässigten Kinder tut, die von der Armada seiner Lastwagen ein paar

Zuckerrohrstangen klauen, um überhaupt etwas zu beißen zu haben.

Doch Mae, der Mann mit den scharf geschnittenen chinesischen Zügen, konnte sich nach vielen eher nutzlosen Jahren als Sohn eines reichen Haciendero selbst befreien von der psychischen Last, seine Stellung in der Gesellschaft lediglich seinen exzellenten Golf-Fähigkeiten und dem Geld des Vaters zu verdanken. Er fing an, tiefer nachzudenken, und nahm sich dann diverser Hilfsprojekte an, die sich um einen Silberstreif für die Zukunft der Kinder von Bacolod bemühen. Mae, kurz vor dem 50. Geburtstag, vergaß über all seinem Wohlergehen nicht, die Hemdsärmel energisch hochzukrempeln. Eine erstaunliche Wandlung. Und Agnes, die im ebenso wohlhabenden Hause Tinsay stets mit der Sorge und der Arbeit für die weniger Glücklichen aufwuchs, ist heute mächtig stolz auf ihren Mann.

Wir werden jetzt erst mal einquartiert in der Pracht der Jalandoni-Villa. Es gibt sechs Hausangestellte, einen (tatsächlich!) illuminierten Pool, die Halle im spanischen Kolonialstil, jeder Raum bis an die Decke angefüllt mit Gastfreundschaft.

Es kommt einem auf direktem Wege in den Kopf: Lili wird in diesen Ferien mit extrem unterschiedlichen Verhältnissen konfrontiert sein, auch wenn sie dabei bleibt, nicht nach ihren Wurzeln gucken zu wollen. »Welcome Home«, das Tagesheim der Slumkinder: Es ist vorgesorgt, dass Miss Mondauge aus München mehr als einen Blick darauf bekommt, wie unterschiedlich das Leben ausschlagen kann.

Lili sagt flüsternd zu mir: »Papa, warum hast du mir denn nie gesagt, dass es hier bei den Jalandonis sooo aussieht ... so ... so unheimlich reich ...«

88

Ich hatte meine Gründe dafür, doch nun entziehe ich mich der Antwort, indem ich noch einen Schluck von dem Begrüßungs-Cocktail nehme. Ich wollte nicht, dass sich Lili die Welt von Bacolod vorstellt wie eine Art Südsee-Ausgabe vom Schlaraffenland, wo der Korb von exotischen Früchten nur so überquillt, der Swimmingpool immer nur eine Badetuchlänge entfernt ist, die Langusten mit den Fingern geknackt werden und das Shopping-Glück so spottbillig ist, dass man mit dem Kaufen gar nicht mehr nachkommt. Lilis Bacolod-Welt, in die sie hineingeboren wurde, ist eine gänzlich andere. Das Leben ihrer Familie fand in entgegengesetzten Quartieren an einem schmutzigen Fluss und in trügerischer Idylle unter Palmen statt, kannte nicht die wolkenlose Freude, lohnte nicht, von einem hohen Zaun umgeben zu werden. Es lassen sich keine Parallelwelten bemühen. Hier Santa Clara, dort San Sebastian, sie haben nichts anderes gemein, als dass sie sich auf ein und derselben Insel, 200 Kilometer lang und nicht mal 50 Kilometer breit, befinden – und sich beide in ihren Namen mit dem Wunsch nach Behütung an Schutzheilige wenden.

Wir werden ein paar Tage im Haus der Jalandonis bleiben, bis Salvi Tinsay von ihrer Farm auf Mindanao zurückkehrt, dann ziehen wir um in den nicht weniger feudal behüteten Barrio Villa Valderrama, in dem neben dem Gouverneur von Negros die gesamte Tinsay-Familie ihre Erfolg signalisierenden Villen stehen hat. Und meine Aufgabe wird es sein, Lili in diesen Tagen immer wieder den Kopf zurechtzurücken, dass unser privilegiertes Schöner Wohnen hier lediglich Inseln des Wohlstands sind. Die Wirklichkeit da vor den Toren von Santa Clara übersteigt in vielem das Vorstellungsvermögen eines jungen Mädchens, das in Europa aufgewachsen ist. Also muss ich gelegentlich die Realitäten der Not und des Elends von Bacolod zu ihr bringen. Eine Gratwanderung, denn ich will meine Tochter auch nicht zu sehr unter Druck setzen, möchte, dass sie sich gerne ihres ureigenen Platzes erinnert und von Zeit zu Zeit dorthin zurückkehrt.

Agnes und ihr Mann – er macht einen ganz sympathischen Eindruck – haben wirklich ein Mordstrumm von einem Haus. Hammermäßig, sage ich! Dafür gäbe ich alle schicken Hotels der Welt her, wenn ich sie kennen würde.

Gerade sind Jed und sein kleinerer Bruder Martin – ich glaube, er ist 12 – aus der chinesischen Schule (besonders streng!) nach Hause gekommen. Klar, ein Chauffeur hat sie abgeholt, wirklich echt geil. Jed und ich, wir haben uns gleich umarmt, er ist ein total niedlicher Kerl (aber für David besteht kein Grund zur Eifersucht, Jed ist noch nicht mal 15).

Die beiden haben mich gleich durchs ganze Haus geschleppt, damit ich es besser kennen lerne. Am allerbesten gefallen hat mir der Fernseher in dem kleinen Zimmer hinter dem Pool. Ein absoluter Mörder-Bildschirm – so groß wie bei uns daheim die Leinwand in einem dieser Schuhschachtel-Kinos (das sagt Papa immer). Und über 52 Programme, sogar HBO, Home Box Office, wo man sich 24 Stunden am Tag durch Knopfdruck die neuesten Filme mieten kann. Ich glaube schon, dass ich es hier gut aushalten kann.

Am aufregendsten ist eine kleine grüne Plastikbadewanne draußen im Garten. Jed und Martin züchten da klitzekleine Skorpione. Igitt, sehen die hässlich aus. Und wenn die Jungen in der Schule sind, muss der Gärtner die Biester füttern. Der fürchtet sich aber grässlich vor den Viechern mit dem hochstehenden, gekringelten Schwanz. Jed sagt,

*dass sie nicht giftig wären – aber er lacht dabei, sodass ich
mir da nicht mehr so furchtbar sicher bin.*

*Die Jungen haben schon wirklich einen abartigen Ge-
schmack: Auf der Veranda steht ein Riesen-Aquarium,
und da sind auch zwei Piranhas drin! Jed hat gleich seinen
Arm ins Wasser gehalten, um mir zu zeigen, dass diese so
harmlos aussehenden Fische einem nichts tun, nur manchmal fressen sie alle anderen Zierfische auf, Pech gehabt!
Ich habe aber keinen Bock darauf, mir meinen Arm bis auf
den Knochen abnagen zu lassen, wirklich nicht!*

*Jed hat für die nächsten Tage bereits einen Plan gemacht,
wohin ich unbedingt mit ihm muss: In seiner Schule soll ich
von Europa erzählen, auf eine Zuckerrohrfarm werden wir
fahren, und ich soll mir die Riesen-Fischteiche seiner Onkel
auf dem Land anschauen. Und – ich habe ihn gefragt – Jed
weiß auch, wo ich in Bacolod gefakte Handtaschen kaufen
kann. Bei einem Chinesen in Chinatown. Die Tinsays kriegen da sogar noch Prozente! Ich muss wirklich sagen, dass
ich keine üblen Ferien habe ...*

Lili hat sich schnell bei den Jalandonis eingelebt. Sie
läuft mit neugierigen Blicken durchs Haus, pflückt kleine
Frösche vom Rasen weg – immer schön begleitet von der
nicht ganz ernst gemeinten Frage »Kann ich die dann mit
nach München nehmen?« –, sie probiert auch die scharf
gewürzten Hühnerfüße, die am Mittag auf den Tisch kommen, und vergräbt ihr halbes Gesicht in zuckersüße, gold-
gelbe Mango-Hälften, von denen sie genau wie ich nie genug bekommen kann. Den ersten Jetlag schläft sie vor dem
laufenden Riesen-Bildschirm weg, später zieht sie mit Jed
und Martin ein paar Runden durch den Swimmingpool,
um dann die Jungen – ja keine falsche Harmonie aufkom-

men lassen! – mit Zickencharme ausdauernd unterzutauchen, nachdem diese ihre erst jüngst gefönten Haare nass gemacht haben. Ferienstimmung, wie sie sein soll, macht sich schnell breit.

Lili ist wohl angekommen. Und ihr Gefühlshaushalt scheint okay zu sein. Ich habe am ersten Abend von ihr sogar einen Gutenachtkuss verpasst bekommen, was eher zu den Raritäten in unserem Zusammenleben gehört. Nach draußen, außerhalb dieses »Fort« Santa Clara, zieht sie aber noch nichts. Macht nichts, langsam kommen lassen.

»Sie wird sich nach und nach eingewöhnen in unserer Stadt«, vermuten auch Mae und Agnes, die ansonsten voller Unsicherheit sind, wie ein junges Mädchen – pardon, eine junge Dame! – nach so vielen Jahren in einem ganz anderen Umfeld mit dieser Stadt und den Menschen fertig werden soll, die ihre ureigensten Wurzeln berühren.

Mae sagt: »Ich stelle mir das sehr schwer vor. Diese Vorstellung, die dich immer verfolgt: Vielleicht sind ja deine Geschwister und deine Mutter gar nicht so weit von dir entfernt? Kann ja sein, dass du an ihnen vorbeigehst – und du *merkst* nicht einmal, dass sie es sind.«

Ich teile seine Gedanken. Sie sind, nicht erst seit wir hier angekommen sind, auch Stachel in meinem Fleisch.

Am frühen Abend hat Agnes einiges Downtown zu erledigen. Ich vermute allerdings eher, dass sie diese »Besorgungen« vorgeschoben hat. Sie bestellt den Chauffeur mit dem alten Mercedes vor den Haupteingang und fragt Lili so beiläufig, wie es ihr nur möglich ist: »Wie wär's, hast du Lust mitzukommen? Wir könnten am Central Market vorbeischauen, der ist für dich sicher ganz interessant.«

Ich sehe von der Seite, dass meine Tochter in ihrem Innenleben nach einer plausiblen Ausrede kramt, als sie ihr aber bis zur Schwelle zur Peinlichkeit nicht einfällt, ergibt sie sich: »Gerne. Ich hol nur noch meine Sachen.«

Ungefragt hänge ich mich dran. »Na, gut, dann komme ich auch mit.«

Täusche ich mich, oder erhalte ich dafür tatsächlich einen dankbaren Blick? In München wäre ich von ihr für so eine unerlaubte Einmischung mit milder Verachtung oder härterem Liebesentzug nicht unter drei Wochen bestraft worden.

Während der Fahrt in die Stadt sagt Lili nichts. Und das Echo ihres Schweigens lässt auch bei Agnes und mir kein Gespräch aufkommen. Ich hatte vor, Lili mit ein paar markanten Punkten von Bacolod bekannt zu machen: »Schau mal, da drüben ist das Provincial Hospital, da bist du geboren worden, und da links, das Hochhaus, das ist das Court House, wo ich immer vom Richter zu deiner Adoption vernommen worden bin« – aber in Gegenwart ihrer beredten Verstummung unterlasse ich es. Morgen – oder übermorgen – ist auch noch ein Tag. Soll sie sich erst mal selbst mit Eindrücken voll pumpen.

Doch dann taut die überbordende Buntheit, das Brodelnde des Zentralmarktes die Stumme schneller auf als erwartet. Tische voll mit den exotischsten, gewaltigsten Meeresfischen (»Schau mal, Papa, sieben Riesenkrabben für umgerechnet zwei Euro, der Wahnsinn!«) neben Auslagen getürmter Fleischberge, stachelbewehrten Pyramiden der weithin stinkenden Durian-Früchte, Körben mit feinstem Reis und ganze Gangreihen mit Gewürzen, deren atemberaubende Farbenpracht mich zum ersten Mal zur Kamera greifen lässt. Das alles unter Wellblechdächern, die die konstante Temperatur in dem so lebensprallen Großmarkt wohl auf weit über 40 Grad Celsius halten.

Bevor wir zu den Hallen kommen, in denen Volkskunst aus allen Provinzen der Philippinen geboten wird, muss ich ein-, zweimal eine Auszeit nehmen und mich auf einen der wackligen Stühle setzen, die ursprünglich für die Händler vorgesehen sind. Ein paar schnell herbeigeschaffte Gläser Kokosnussmilch füllen mein Aggregat auf und bringen mich wieder auf stabilere Beine. Lili, der wohl selbst die Hitze in einem Backofen nichts anhaben könnte, geht mit Agnes voraus. Kurz vor den ersten Aufbauten des Strohmarkts greift Lili nach der Hand der Älteren und lässt sie so schnell nicht mehr los. Meine Tochter hat sich ihren »Guardian Angel« ausgesucht.

Agnes ist wie eine große Schwester zu mir. Ich mag sie besonders gerne, das wusste ich schon gestern am Flughafen. Sie spricht mit Absicht ein ganz langsames, sehr deutliches Englisch, damit ich mit meinem blöden Schulenglisch folgen kann. Das ist lieb, weil ich sonst komplett der Loser sein würde. Und dieses Ilongo, das sie hier auch sprechen, werde ich nie lernen – da könnte ich mich viele Jahre abmühen. Klingt so ein bisschen wie Finnisch oder Ungarisch oder so was Extremes.

Außerdem ist Agnes sehr hübsch. Sie hat ein ganz schmales Gesicht, eine wirklich tolle Figur, nur ihre Haare trägt sie etwas streng. Da könnte ich ihr noch ein paar coole Tipps geben. Mal sehen, wenn es sich ergibt.

Ich glaube, wenn ich was brauche – ich meine: irgendeine Hilfe –, dann könnte ich sicher sehr gut zu Agnes gehen. Sie versteht, was ich gerne mag. Vorhin hat sie mir versprochen, dass wir auf dem Rückweg nach Santa Clara bei »Robinson's« halten werden. Ich bin doch so gespannt, ob man da richtig shoppen kann.

Verdammt, ich habe meine Liste nicht dabei, was ich alles an Souvenirs kaufen möchte. Sonst könnte ich das jetzt schon auf dem Markt erledigen. Was man hat, das hat man eben.

An einem Stand hat Lili zwischen all diesem Überangebot an Spielzeug-Jeepneys, gebleichten Korallen-Büscheln, bestickten Taschentüchern, Muschelketten, Bastschalen, kunstvoll verzierten Dim-Sum-Behältern und bizarr kitschigen Mosaik-Skulpturen zierliche Strohschuhe entdeckt. Sie erinnert sich, dass ihre Mama in München ein Paar haben wollte.

Bereitwillig probiert Lili die schmalen Pantoffeln an, muss aber bald schweren Herzens kapitulieren, weil ihr Spann partout nicht durch den engen Strohbügel passen will. Um eine Erklärung ist sie nicht verlegen. Mit ernster Miene zeigt sie uns das Problem auf: »Ist doch klar. Wir Deutsche haben für philippinische Schuhe einen viel zu breiten Fuß ...«

Der Lachanfall, der prompt bei Agnes und mir einsetzt, muss die umstehenden Philippinos im obersten Schockbereich getroffen haben. Und bei Lili dauert es fast bis zum Ausgang, bevor sie die Komik ihrer Worte so richtig begriffen hat. Dann stimmt sie in unseren Heiterkeitsausbruch mit ein.

Später, im gläsernen Einkaufs-Palast von »Robinson's«, setzt bei Lili glückliches Staunen ein. »Hast du gesehen, Papa, die haben hier alles: Polo, Donna Karan, Calvin Klein, Diesel ... einfach alles. Und wie billig das ist ...«

Wie alle jungen Damen kommt Lili in so einem Konsumtempel schnell auf Betriebstemperatur. Sie hat sich bereits ein Beuteschema zurechtgelegt. »Ich muss jeden Tag her,

hörst du. Ich versprech dir auch, nein, ich schwöre« (Mein-
eid, Euer Ehren!) »dass ich gar nicht immer was kaufen
muss. Nur gucken. Ganz süße Jeans haben die hier, für nur
20 Euro, einfach lächerlich.«

Im Gymnasium ist Mathematik nicht gerade Lilis Über-
flieger-Fach. Nun rechnet sie so schnell Pesos in Euro um,
dass mir leicht schwindlig wird (zugegeben, vielleicht auch
aus anderen Gründen).

»Und hast du die irren T-Shirts gesehen? Die *kriegst* du
noch nicht mal bei uns.«

Bevor sie jetzt endgültig in die Trance des Konsum-Kol-
lers fällt, muss ich sie ein wenig einbremsen: »Die Sachen
sind so billig, Lili, weil sie auch hier nicht unbedingt echt
sind.«

Meine Tochter schaut mich an, als hätte ich eine per-
sönliche Beleidigung ausgesprochen.

»Glaubst du denn, das weiß ich nicht? Aber das ist doch
wurscht, sieht ja hinterher keiner, so klasse, wie die das hier
machen! Außerdem hab ich gehört, dass ganz viele Labels
auf den Philippinen ihre Sachen machen lassen, wegen der
Billiglöhne. Und da wird sicher eine ganze Menge abge-
zweigt und landet dann hier bei Robinson's, oder meinst
du nicht?«

Einen so langen Monolog bekommt Lili nur selten zusammen. Meist nur dann, wenn sie Neuem entgegenfiebert.

Im Auto – Lili schon eingerahmt von Tüten und Trage-
taschen – kommt unser Gespräch auf die Höhe der Löhne
auf Negros. Eine Lehrerin dürfte jetzt ein Monatsgehalt
um die 160 Euro haben, das ist schon viel mehr als noch
vor drei, vier Jahren, sagt Agnes zu Lili gewandt, und Ta-
gelöhner sollen pro Stunde eigentlich nicht weniger als 50
Cent bekommen. Es wäre sogar gesetzlich vorgeschrieben,

würde aber wohl kaum immer eingehalten. Wer dringend Arbeit braucht, der ist eben leicht erpressbar.

Lili hat aufmerksam zugehört. Es ist ihr leicht anzusehen, dass sie diese Zahlen für etwas Unfassbares hält. Ihr scheint ein bisschen klarer zu werden, warum nur einige wenige »Robinson's« für ein Shopping-Paradies halten können. Agnes, die Kluge, setzt zur nachhaltigen Wirkung noch eins drauf: »Am Sonntagmittag ist das Kaufhaus immer so voll, dass manchmal die Eingangstüren geschlossen werden müssen. Da kommen nämlich auch alle zu ›Robinson's‹, die sich *gar nichts* leisten können. Und weißt du, warum?«

Lili schüttelt etwas apathisch den Kopf.

»Sie genießen die Klimaanlage – die ist nämlich für alle umsonst.«

Danach schaut mich Agnes schnell an und schickt mir diesen Ich-glaube-sie-hat-ihre-Lektion-begriffen-Blick. Ich bin ihr dankbar.

Nach dem Abendessen in der Jalandoni-Villa kommen wir auf »Welcome Home« und die taubstummen Kinder zu sprechen. Agnes trägt wieder mal eine Geschichte dazu bei:

»Ich bin so froh, dass wir jetzt für die Kinder *und* die Eltern Unterricht in Gebärdensprache anbieten können. Früher hatten wir Eltern, die sperrten ihr behindertes Kind in einen Bambuskäfig ein, weil sie sich mit ihm nicht unterhalten konnten. Und weil sie Angst hatten, dass ihr Kind draußen im feindlichen Leben herumirren würde, ohne ein Wort von sich geben zu können.«

Ich schaue – so unauffällig, wie es mir möglich ist – zu Lili hinüber. Es kommt mir irgendwie gerade recht, dass sie jetzt so nachdenklich dasitzt …

7. Kapitel

Ich habe schlecht geschlafen. Wahrscheinlich liegt das ja an der Zeitverschiebung. Aber mir geht es heute Morgen nicht so gut. Ich wache mitten in der Nacht auf und brauche einige Minuten, um zu wissen, wo ich bin. Ich finde es so total unheimlich, dass hier überall Gitter vor den Fenstern sind – wird ja schließlich einen Grund haben. Und es will auch keiner, dass ich alleine vor die Tür gehe – hat gestern Abend Mae gesagt. Als ich mit Jed und Martin auf dem Fahrrad eine Runde durch Santa Clara drehen wollte, mussten wir ihn und Agnes um Erlaubnis fragen. Der Gärtner wurde dann so lange ans Tor gestellt, bis wir wieder da waren. Ich bin mir ganz sicher, dass die sogar den Wachdienst vorne am Haupteingang zur Straße alarmiert haben.

Irgendwie ist es schon lästig, wenn man so viel Geld hat. Auf jeden Fall in Bacolod. Aber ich mag auch nicht darüber nachdenken, wie das ist, wenn man hier gar kein Geld hat. Brutal, glaube ich. Was ich da gestern so alles an der Straße gesehen habe, wie zum Beispiel die beiden Buben – sie waren vielleicht sechs oder sieben Jahre alt –, die immer hinter dem fahrenden Laster hergerannt sind und sich an eine Plane hängen wollten. Papa hat mir mal erzählt, dass sich Straßenkinder in Bacolod das, was sie brauchen, meistens von Pick-ups oder Lastern holen. Nicht selten geraten sie dabei unter die Räder. Wenn sie nur vom Fahrer erwischt und verprügelt werden, dann haben sie noch Glück gehabt! Scheiß-Glück, so was!

David habe ich gestern Abend auch nicht mehr erreicht, obwohl ich es dreimal am Telefon versucht habe. Irgendwie fühle ich mich heute wirklich krass neben der Spur.

Unsere europäische Hektik ist aus uns gewichen, das Bacolod-Tempo hat uns erreicht. Oder wie Father Joe Coyle immer sagte: »Wer es auf dieser Insel eilig hat, den liebt man nicht – und alt wird er auch nicht.« Die Kinder von »Welcome Home« haben den irischen Priester, der gegen so viele Widerstände ihr Heim gründete, mit allen Fasern ihrer Herzen geliebt – alt ist er leider nicht geworden.

Father Joe, der Unvergessene. Der Columban-Priester, der einem wie kein anderer den seelischen Kompass zurechtrücken konnte. Und der mit seinem Humor alle auf seine Seite zog – und zwar im Geist einer freien Aussprache, die man so bei einem katholischen Seelsorger wohl nicht vermutet hätte. Nie vergesse ich jenen lange zurückliegenden Abend am Tisch der Tinsays. Eine Einladung für den Bischof Fortich, feierliche Atmosphäre, getragener Smalltalk, Honoratioren im Dutzend billiger. Sechs Benediktiner-Nonnen ergänzten die Runde. Schwester Rothildis, die sonst Schüchternste unter unseren »Pinguinen«, wie wir die Nonnen heimlich nannten, richtete das Wort an den ihr gegenübersitzenden Priester Joe Coyle:

»Father, warum sind Sie heute Abend so still? Möchten Sie mich nicht einweihen, woran Sie gerade denken?«

Father Joe ließ unverzüglich seine rauchige Whisky-Stimme erschallen, sodass es jeder hören konnte:

»Oh, ich will Ihnen gerne verraten, Schwester, woran ich gerade denken muss: an Sex, puren Sex, liebe Sister Rothildis ...«

Kurze Erstarrung – dann brach ein unbeschreibbares Lach-Gewitter los. Joe Coyle, der Unkonventionelle, hatte mal wieder zugeschlagen. Seine verschreibungspflichtigen Witze waren nur allzu bekannt, und auch der ehrwürdige Herr Bischof konnte nichts dagegen machen, dass ihm die Lachtränen nur so die Wangen herunterrollten.

Ein Priester mit deftigster Narrenfreiheit? Ja. Aber erworben hatte er sich diese außergewöhnliche Rolle, weil er eben – andererseits – ein Seismograph für die seelischen Bedürfnisse seiner Mitmenschen sein konnte wie niemand sonst. Ich werde auch nicht jenen Tag vergessen, an dem ich an Father Joes Seite im Gefängnis von Bacolod den Priester Niall O'Brien besuchte, der dort wegen einer fingierten Mordanklage – nicht gerade unüblich zu Zeiten des Marcos-Regimes – einsaß. Vor Dreck starrende Zellen, verzweifelte Menschen, geschunden von den Aufsehern. Und Father Joe Coyle nahm sich für jeden Zeit für ein Gespräch und hatte für jeden ein paar Zigaretten dabei sowie mehrere Tafeln Schokolade unter seinem Habit. Es war, als würde ein wenig Sonne in dieses schwarze Drecksloch der Hoffnungslosigkeit einfallen. O'Brien und Coyle, die Brüder Gottes, standen fast fünf Minuten in stummer Umarmung. Und so trennten sie sich auch wieder ohne Gespräch, nachdem ihnen nur diese wenigen Augenblicke vom Gefängnisdirektor zugebilligt worden waren.

Später erklärte mir Father Joe: »Niall braucht von mir

keine Worte – er braucht unser aller Zuneigung, um diese schlimme Zeit durchstehen zu können.« Selten habe ich einen Menschen für seine Worte so sehr gemocht.

Daran muss ich jetzt denken, da ich mir nun mit Lili im Garten der Jalandoni-Villa unter einer Riesenpalme das fröhliche Wolkenballett am Himmel über Bacolod ansehe, das wieder einmal Vorbote einer heftigen Riesendusche ist – in den Sommertagen auf den Philippinen nicht gerade etwas Ungewöhnliches. Minuten später ist dann alles wieder trocken, und jeder darf unter der Hitzeglocke von neuem stöhnen, dass dieser August noch nicht genügend Nass gebracht hätte.

Maes Chauffeur fährt uns später hinüber zur Villa Valderrama. Es sind nur gut 300 bis 400 Meter Luftlinie, doch auch solche kurzen Distanzen werden in Bacolod von den Betuchteren nicht zu Fuß überwunden, wenn einen nicht alle für verrückt halten sollen.

Ich will Lili zeigen, wohin wir in den nächsten Tagen umziehen werden – in das Haus, in dem sie acht Monate verbracht hat, bevor sie als Baby nach Deutschland ausreisen durfte.

Salvacion Tinsays Anwesen – eine lang gestreckte Villa im spanischen Stil inmitten eines üppig blühenden Parks – präsentiert sich in ungewohnter Stille. Die Hausherrin, die seit dem frühen Tode ihres Mannes Bert die diversen Unternehmungen der Großfamilie koordinieren muss, schickte von der Farm auf Mindanao, der südlichsten Großinsel der Philippinen, eine E-Mail, dass sie erst am Sonntag in aller Herrgottsfrühe mit dem Schiff eintreffen könne. Die 12 Kinder im Alter von acht bis 17 Jahren, die derzeit unter ihrem Dach wohnen, lachen, essen, spielen, lernen, schlafen, sind tagsüber in der Schule.

Das ganze meist fröhlich lärmende Dutzend kam bereits im Babyalter zu »Tita Salvi« – lauter unfassbare Einzelschicksale, eines ausgesetzt auf einem Müllberg, das andere zurückgelassen in der Geburtsabteilung des Provincial Hospital von der Mutter, die sich unter falschem Namen eingetragen hatte und dann ohne ihr Neugeborenes verschwand, ein anderes Kleinkind wiederum gefunden in einer Plastiktüte unter einem Restauranttisch mitten in der City von Bacolod.

Vor mehr als 15 Jahren hat die genauso resolute wie warmherzige Salvacion, viertältestes von 13 Kindern des vermögenden, einflussreichen Valderrama-Clans, die Wände der drei im Souterrain zu ihrer Villa gehörenden Garagen herausreißen und dort ein Waisenhaus einrichten lassen, in dem es an nichts fehlt. Und ganz bestimmt nicht an Liebe und Fürsorge.

Salvacion Tinsay ist eine der erstaunlichsten Frauen, die ich in meinem langen Journalisten-Leben kennen lernen durfte. Ihre sieben leiblichen und drei adoptierten Kinder waren zum großen Teil schon aus dem Haus, als sich die Zierliche und von Krankheit selten Verschonte mit über 50 Jahren daranmachte, ihr Leben noch einmal komplett umzukrempeln. Sie lernte die Gebärdensprache bis zur Diplomreife, um die Idee vom »Welcome Home« zügig und kraftvoll in die Tat umsetzen zu können. Sie baute mit Mitteln des Bacolod-Patenkinder-Vereins am Rande eines Riesenslums ein Tagesheim für Kinder auf, die dort Unterricht, Essen und medizinische Versorgung bekommen, während ihre Mütter – Hilfe zur Selbsthilfe – arbeiten und Geld verdienen können. Sie blendete die Realität um sie herum nie aus und richtete ihr kleines Waisenhaus ein, »weil nicht geschehen darf, dass diese Kinder an Einsamkeit sterben – und an unserem Defizit, sich für ihr Leben zu interessieren«.

Die deutsche Benediktiner-Nonne Irmengardis Kuhn, die bewundernswerte 61 Jahre lang auf Negros für die Slumkinder lebte und Salvi Tinsays Lehrerin war, sagte einmal voll Hochachtung: »Salvi wird sich noch im Himmel für das Wohlergehen aller Babys höchstpersönlich verantwortlich fühlen.«

Wer die klein gewachsene, stets elegant gekleidete Salvacion Tinsay jemals beobachtet hat, spürt sehr bald ihre magnetische Aura. Und es kommt einem schnell der Gedanke: Sie hat die Enge, nur ein einziges Leben leben zu dürfen, längst verlassen. Sie denkt, sie fühlt, sie handelt schon lange nur als WIR – das ist ihr Lebenskonzept.

Wie kommt man bloß dazu, eine so große Familie »in die Welt zu setzen«?

»Gar nicht«, sagt sie und genießt jedes Mal ein wenig die Kunstpause. »Man kann nichts dazu tun. Die Kinder, bis auf die, die ich mit Bert habe, sind alle zu *mir* gekommen, auf die eine oder andere Weise.«

Zwei oder drei Kinder, nun ja – aber weit über 50, die ihr im Laufe der vielen Jahre so ins Haus geschneit sind? Der Begriff schneien ließ sie auflachen, als ich mit ihr einmal darüber sprach – draußen herrschten brütende 45 Grad Celsius. »Richtig, der liebe Gott hat sie hierher ›schneien‹ lassen, das ist eine schöne Erklärung.«

Sie ist immer froh, wenn »das alles« so ein bisschen entmythisiert wird. Hymnischen Preisungen ihrer guten Taten misstraut sie sowieso. »In Wirklichkeit denken die Leute ja doch: Die Tinsays haben Geld, da ist es ihre verdammte Pflicht, so viel zu tun. Stimmt ja auch … irgendwie. Nur:

Die Menschen bedenken nicht, dass es nicht ausreicht, wenn man alle Rechnungen bezahlen kann. Zuerst muss man sich seinen Gefühlen immer neu stellen, wenn einem wieder so ein Kind ins – wie du sagst – Haus geschneit kommt.«

Nun, mit dem Herzen hat Salvacion Tinsay jedes ihrer »Zufallskinder« sofort akzeptieren können, nur der Kopf musste den Tatsachen mit einigem Abstand folgen. »Ich habe oft nachts wach gelegen und gedacht: Das kannst du deiner Familie nicht mehr antun. Beim nächsten Baby, das sie dir geben wollen, ist Schluss. Es ist gar nicht so schwer, sich das vorzunehmen, so im Dunkeln, aber dann siehst du das Kind und denkst dir: Schäm dich, das schaffst du auch noch.«

Da war zum Beispiel Laya Maria, das Mädchen mit dem Feuermal im Gesicht. Niemand wollte die Kleine haben, nicht mal die eigenen Verwandten, denn so »gezeichnet« zu sein bedeutet traditionell Unglück – da kann Bacolod noch so sehr eine katholische Hochburg sein. »Ist das nicht entsetzlich«, regte sich Salvi auch später immer noch auf, »ich möchte nicht wissen, wie viele Babys an der Dummheit von Erwachsenen gestorben sind!«

Laya Maria lebt heute bei ihren Adoptiveltern in Melbourne – Fotos weisen sie als College-Schönheit aus.

Und da ist Lorenzo, heute noch in Salvis Haus. Als zwei Deutsche, die Salvacion Tinsays Waisenstation finanziell unterstützen, in der Kinderabteilung des Armenkrankenhauses von Bacolod den kleinen Kerl sahen, glich er, damals eineinhalb Jahre alt, einem 90 Jahre alten Mann: pergamentene Haut, geradezu durchsichtig dünn, auf einem Auge blind, Arme und Beine wie Streichhölzer. Die Unterernährung hatte ihn auf kaum mehr als vier Kilo abmagern lassen. Der herbeigerufene Arzt riet: »Lassen Sie den Jungen in Frieden sterben. Er wird den Abend nicht mehr erleben.« Die alarmierte Salvacion Tinsay rückte gleich mit Verstärkung an: ihrem Hausdoktor. Gegen alle – sogar handgreiflichen – Proteste nahmen sie den Jungen mit. »Wir hatten beim Transport richtig Angst, dass wir seine Knochen brechen könnten.« Dann begann der medizinische Kampf um sein Leben …

Lorenzo, jetzt 17, ist heute einer der besten Schüler der St. Rose of Lima School. Er möchte sich später mal als Kunstmaler ausprobieren. Seine Zeichnungen sind bei Salvis Freunden schon ähnlich bewundert wie seine Künste als Breakdancer. Nur: Auf dem linken Auge ist er blind geblieben.

Salvi kann selten ihre Tränen zurückhalten, wenn sie von Lorenzo spricht. »Ich erzähle die Geschichte immer dann, wenn mich jemand fragt, ob Geld überhaupt etwas gegen die Not der Kinder ausrichten kann. Hätten wir damals nicht die Medikamente und die unheimlichen Mengen an Vitaminen kaufen können … ich mag das gar nicht zu Ende denken. Aber wir haben es dann ja doch geschafft.«

Salvacion Tinsay muss eine glückliche Frau sein, so denke ich immer. »Ja«, sagte sie einmal auf meine direkte Frage unumwunden, ihre vielen Kinder seien für sie so eine Art Rauschmittel, lebenslänglich. Eigentlich wäre ihr ja ein ganz anderer Weg vorgezeichnet gewesen: »Eine von uns 13 Valderrama-Schwestern musste, das ist bei uns so Tradition, ins Kloster gehen. Ich war ausgewählt worden, aber dann hat sich die Älteste von uns für die Karmeliterinnen entschieden.« Nun konnte Salvi doch noch ein Leben als höhere Tochter führen: erstklassige Reisen um die Welt, wie sie für eine reiche Philippina standesgemäß sind, auf New Yorks Fifth Avenue Shopping-Touren rauf und runter, irgendein Alibi-Diplom, das sie als Studierte ausweisen konnte. Und ein wohlhabender Ehemann musste für sie bis spätestens zum 20. Lebensjahr gefunden werden, denn als lediger Twentysomething wird man in den feineren Kreisen schon eher zu den Sitzengebliebenen gezählt. Na ja, und viele Kinder gehören in Bacolod sowieso zu einer gut geführten Ehe.

Aber doch nicht gleich 62 – so viel Kinder, habe ich einmal zusammengezählt, sind inzwischen tatsächlich in Salvis Verantwortung bei ihr aufgewachsen? »Nein, das nicht«, lachte Salvi, »aber ich war mir mit meinem Bert immer einig: Wir wollten nie ein belangloses Leben führen. Unsere Insel war mal besonders reich, Zuckerrohr, weißt du. Doch dann gingen die Zuckerpreise in den Keller, die Kinder der Landarbeiter fanden ihr Essen nur noch auf stinkenden Müllbergen. Da haben wir angefangen, die Kinder in unserem Haus aufzunehmen. Eines nach dem anderen. Gezählt haben wir erst viel, viel später.«

Salvacion Tinsay bekam, wie ich mich erinnere, wieder diesen selig nach innen gekehrten Blick. »Egal, was war. Ich habe von den Kindern wesentlich mehr bekommen, als ich ihnen geben konnte.«

Wenn man das fröhliche Dutzend, das zurzeit im Hause Tinsay lebt, ein paar Tage beobachtet hat, ist einem sehr bald klar, was sie meinte. Auf Salvacion Tinsay trifft wirklich zu, was ein Jean Cocteau mal wohl eher mit Wehmut sagte: »Das Schönste an ihrem Alter ist, dass sie jung geblieben ist.«

Die sorgfältig geschminkte Salvi stimmte mir in einem

unserer vielen Gespräche zu, dass es immer »Salvacions kleine Armee« war, die sie im Innersten zusammenhielt. Auch über eine schwere Krankheit hinweg, in deren Momenten der Verzweiflung Salvacion Tinsay für sich die Einsicht gewann, dass man jeden Augenblick als etwas besonders Kostbares ansehen muss. »Ich habe mir nicht erlauben können, die Kinder alleine zu lassen. Ich glaube, dass man mit dieser Einstellung auch eine Krankheit überwinden kann. Wenn du so willst: Die Kinder haben mich ›erpresst‹, nicht aufzugeben.«

Um sicherzugehen, dass ihre Worte nicht als Kitsch ankamen (sie sagte wirklich »Kitsch«, das deutsche Wort), fügte Salvacion hinzu: »Man muss begreifen, dass jedes dieser Kinder ein Geschenk an mich ist. Ich habe es doch bei vielen meiner alten Freundinnen gesehen: Einsamkeit ist noch viel, viel schädlicher als Rauchen.«

Ein Glücksautomat ist aber auch diese bewundernswerte Philippina Salvacion Tinsay nicht. Sie hat viele weitere Nackenschläge abbekommen: Ihr Bert ist vor zehn Jahren gestorben, plötzlicher Herztod. Einer ihrer leiblichen Söhne wurde eines Morgens tot aufgefunden. Gegen das Sterben, das sie aus ihrer Bahn zu werfen drohte, hat sie immer noch mehr Leben gewagt. Es ist eben ihre Art, sich in Ungewissheiten zurechtzufinden. Als sie die Nachricht von ihrer Krankheit bekam, initiierte sie in Santo Nino das Tagesheim für Slum-Kinder. Auch als ihre »beiden Männer« von ihr gingen, stürzte sich Salvacion Tinsay in ein zusätzliches Projekt: Mit Pfarrer Joseph Coyle errichtete sie in der Homeside-Gemeinde von Bacolod das »Welcome Home«.

Als gnadenlos guter Mensch will die Umtriebige dennoch nicht gesehen werden. »Es ist eine Zumutung, wenn man darauf festgelegt wird. Ich habe doch nicht mein Recht verloren, auch meine dummen Fehler zu haben.«

Die da wären? »Ich kann sehr ungeduldig sein, unheimlich ungeduldig. Manchmal stören mich auch die Kinder, und ich hätte lieber, wenigstens für ein paar Minuten, etwas mehr von diesem Luxus Zeit. Ja, und ich versuche, anderen – besonders meinen Kindern – meine Lebenserfahrungen einzuimpfen.«

Das kann doch kein Fehler sein. Obwohl Agnes, ihre älteste Tochter, die bereitsteht, eines Tages zu übernehmen, schon mal sagt: »Das wird weiß Gott keine leichte Sache, meine Mutter zu ersetzen. Sie hat es geschafft, auf jede Krise eine Antwort zu wissen.«

Nur einmal ist Salvi wohl gänzlich sprachlos geblieben. Das war vor mehr als einem Jahr. Da rief sie ein Arzt an: »Madame, können Sie noch zwei Babys brauchen?«

Salvacion Tinsay versuchte später, als sie uns von diesem Ansinnen erzählte, entsetzt dreinzuschauen. Es missglückte ihr wunderbar, denn irgendwie schwang Stolz in ihrer Stimme mit: »Stellt euch vor, zwei Babys mit siebzig! Eine Zumutung, nicht wahr?«

»Was ist denn aus den beiden geworden?«

»Natürlich habe ich sie abgeholt!«

»Entschuldige, aber täuschen wir uns, oder hattest du nicht von Zumutung gesprochen?«

»Sicher. Ich habe die Kleinen ja auch nicht lange behalten. Gute Freunde von mir hatten sich immer schon Nachwuchs gewünscht. Oder hast du etwa gedacht …?«

Das leicht erschöpfte Kopfschütteln ihres Gegenübers genoss sie sichtlich. Und fragte betont beiläufig: »Ist deine Mango nicht gut?«

Am nächsten Tag fuhr Salvacion Tinsay mit 31 »ihrer«

Kinder zum Strand von Hinehanan: die 12, die in ihrem Haus wohnen, und 19 taubstumme Jugendliche aus dem »Welcome Home«. Dazu vier Freunde, neun Angestellte, zwei Köchinnen, alle wurden in zwei Autos und zwei Kleinbusse gestopft. Es war das alljährliche Strandpicknick für »Salvi and friends«.

Unter Palmenwipfeln ließ sich die Gluthitze leidlich ertragen, die Luft kam aufgefrischt von der Meerseite her, aber der dunkle Sandstrand dieser Vulkaninsel war nicht ohne Schuhwerk zu betreten, wenn man sich nicht die Füße rösten lassen wollte. Ein Büfett wurde aufgebaut: Krebse satt, Mangos wie leuchtende Sonnen, Kessel voll Reis, eine beachtliche Reihe von farbigen Fischen, die auf den Bratrost warteten.

Salvacion vermittelte mit Mund und Gebärdensprache zwischen denen, die taubstumm sind, und denen, die sprechen können. Es war wie immer ein Wunder, dass ihr die Arme nicht lahm wurden. Dann kam der gefürchtete Moment: Salvacion Tinsay ließ ihre Ukulele holen! Sie lehnte sich mit dem Rücken gegen einen Palmenstamm, klimperte auf dem winzigen, gitarrenähnlichen Instrument herum und fing auch noch an, dazu Lieder mit Hawaii-Touch zu singen.

Die Kinder – zumindest diejenigen, die sie hören konnten – unterbrachen ihr Spiel und setzten sich pflichtschuldig zu »Mamas« Füßen. In diesem offenen Gelände war für keinen ein Verstecken möglich.

»*Uluaha-ho* ...«, erklang es schauerlich.

Da versagten einem der Besucher nach einiger Zeit quälenden Zuhörens die Nerven: »Es ist doch wirklich kein Wunder, dass so viele Kinder in Salvis Nähe taub sind«, sagte er laut. Erschreckte Gesichter in Salvacion Tinsays

110

Entourage. Langsam stoppte Salvi ihren Gesang und ließ die Ukulele in den Schoß sinken. Und dann lachte sie ... und lachte ... und lachte ... fast bis in den Sonnenuntergang hinein.

8. Kapitel

Ich habe Salvis überbordendes Lachen immer noch im Ohr, als ich mit Lili die derzeit verwaiste Villa in der Valderrama-Enklave besuche.

Doch nun lastet Salvis Abwesenheit schwer auf diesem Haus, das sie sonst mit ihrem Geist und ihrer Seele erfüllt. Ihre Hausangestellten lassen tagsüber den Strom abgestellt, weil in Bacolod sowieso beinahe stündlich ein »Brown-out«, ein Stromausfall, das Leben kurz lahm legt. Gegen die sengende Sonne sind die Vorhänge in den Räumen zugezogen, und kein Geräusch dringt aus der sonst so lebhaft besetzten Küche. Es wäre übertrieben, die Villa nun ein Geisterhaus zu nennen, doch es fühlt sich so an, als ob jemand einen Haltknopf gedrückt hätte. Ich merke viel zu spät, dass das Haus bei Lili einen rapiden Klimasturz auslöst.

Rocelia, die alte Haushaltshilfe der Tinsays, wartet bei unserer Ankunft vor der Tür. Als sie Lili sieht, stürzen ihr die Tränen nur so die Wangen hinab. Sie hatte dem Baby Lilian Marie Josephine die ersten Strampler genäht, hatte es baden dürfen, mitten in der Nacht Temperatur gemessen und ihm, wie ich beobachten konnte, lange und zärtlich über den schwarzen Schopf gestreichelt. Nun kommt eine junge Dame in Jeans und pinkfarbenem T-Shirt auf sie zu, eine junge Dame mit den wohl nicht mal mehr zu erahnenden Zügen »ihres« Babys. Die sonst so besonnene, ewig ausgleichende Rocelia, graue Eminenz unter den sieben Haushaltshilfen, befindet sich gleich im emotionalen Ausnahmezustand.

Lili umarmt die alte Frau unsicher, stellt sich mit ihr für ein Foto zurecht, für noch eines. Dann lösen sich Lilis Arme von der ihr fremden Gestalt.

Aus Salvacion Tinsays Bürofenstern mit den schräg gestellten Lamellen versuchen ein paar der Angestellten einen Blick auf Lili zu erhaschen – sie haben über viele Jahre immer wieder von dem Kind gehört, das »Tita Salvi«, Tante Salvi, wie auch ihre Mitarbeiterinnen sie nennen dürfen, auf die Idee gebracht hatte, ein ganz privates Waisenhaus für Alleingelassene, Ausgesetzte einzurichten. Das Getuschel am Fenster, die leisen, dennoch aufgeregt klingenden Rufe erreichen auch Lili. Sie ist irritiert von so viel Aufmerksamkeit für ihre Person.

Wir gehen durchs Haus. Ich zeige Lili das Zimmer über der Treppe, in dem sie nachts mit ihrer Nurse Janet geschlafen hat. Ein karger, lediglich auf Funktion eingerichteter Raum mit dunklem Holzfußboden, markant nur der riesige Ventilator unter der Decke. Hier schläft jetzt, so erfahren wir von Rocelia, das einzige Mädchen unter dem Dutzend Kinder, das nun im Hause wohnt: Marie-Pauline, 15 Jahre alt. Sie war lange Zeit das heimliche Sorgenkind von Salvi Tinsay. Zweimal sollte »Mapau« schon adoptiert werden, beide Vorhaben zerschlugen sich dann an den unüberwindbaren Mühlen der Sozialbehörden in Manila. Tita Salvi hat diese kleine, äußerst zarte Hübsche tief in ihr Herz eingeschlossen. Aber sie möchte Marie-Pauline nicht zu eng an sich binden, weil sie fürchtet, dass das Mädchen

114

ziemlich alleine dastehen würde, wenn ihr, der Tita, etwas passiert. Und Tita ist schließlich schon 70 Jahre alt.

»Die Jungen würden wissen, wie sie sich durchzuschlagen haben«, sagte Salvi immer, »aber als Mädchen findest du nur in einem ordentlichen Zuhause Halt.« Auf den abgelegeneren Inseln der Philippinen funktionieren diese Denkkategorien noch weitgehend, auch bei sonst so aufgeklärten Frauen wie einer Salvacion Tinsay.

In diesem Sommer hat sie, die sich nie Ruhe gönnen kann, nun kurzerhand einen Entschluss gefasst. »Wenn etwas mit mir sein sollte, dann müsst *ihr* die Sorge für meine minderjährigen Kinder übernehmen«, eröffnete sie ihren erwachsenen Sprösslingen. »Ihr habt alle genügend Platz in euren Familien, um noch jemanden bei euch aufnehmen zu können.«

Die Antwort der Tinsay-Kinder fiel spontan aus. »Warum glaubst du, uns das sagen zu müssen? Kannst du dir nicht denken, dass wir das schon vor ein paar Jahren selbst beschlossen haben?«

Salvacion Tinsay zeigt sich normalerweise nicht sehr leicht gerührt, aber die Erinnerung setzt sie unter Wasser: »Hast du schon mal solche Kinder erlebt? Direkt ärgerlich sind sie mit mir geworden«, sagt sie mir später. Ich habe noch nie eine so glücklich Betrübte gesehen.

Nun stehen Rocelia, Lili und ich hier in Marie-Paulines Zimmer, Lili geht nach einem kurzen Moment davon, ohne spürbar Notiz zu nehmen, was ich ihr gerade erzähle. »Da hinten stand dein Bettchen, da vorne war die Wickelkommode und daneben der große Strohkorb, fertig für deinen Abtransport …« Nein, Lili ist da schon halb zur Tür hinaus. »Mir geht es heute nicht so gut«, murmelt sie nur und findet alleine ihren Weg hinaus ins Freie.

Ich habe nicht damit gerechnet, dass Lili bei dieser ersten näheren Berührung mit ihrer Vergangenheit so emotional reagieren würde. Jetzt ist mir klar, dass ich es noch sensibler hätte angehen müssen. Ich habe die Sollbruchstelle übersehen, die bereits in diesem kleinen Schritt rückwärts in ihre Vergangenheit für sie lag. Nun steht sie wortlos da draußen, kramt garantiert in ihrer Seele nach ihrem Kompass und tut so, als suche sie mit den Augen ein bisschen die Gegend ab. Ich würde gerne zu ihr gehen und sie in den Arm nehmen. Aber wenn Lili eine seelische Unwucht zu bewältigen hat, fährt sie gerne ihre Stacheln aus und hält jedermann auf Distanz.

Ich mag dieses Haus nie mehr betreten. Es ist dunkel dort, richtig tot. Und Papa hat es mir als so schön beschrieben. Bei Agnes ist alles hell und freundlich. Und hier bei der Salvi gibt es drei scharfe Schäferhunde in zwei großen Käfigen. Ich fürchte mich sowieso vor so großen Biestern, aber ich kann es auch nicht leiden, wenn die Hunde hinter Gitter gesperrt werden.

Ich weiß im Moment sowieso nicht genau, was ich denken soll.

Ich hätte ausrasten können, als ich das Zimmer gesehen habe, in dem ich als Baby gewesen sein soll. Ich habe aber keinen Plan, wieso. Es ist sehr düster, nicht so schön wie unser Zimmer bei Agnes – doch so schlimm ist es nun auch nicht. Der Papa denkt jetzt sicher, dass ich abgehauen bin, weil ich mir nicht mehr seine Storys anhören wollte. Ist ja gar nicht so. Auch wenn es sich jetzt nach einer bescheuerten Ausrede anhört: Mir geht es heute einfach nicht gut.

Ich habe natürlich genau gesehen, dass Rochelia – oder wie sie heißt – ganz enttäuscht geschaut hat. Dabei gefällt sie mir sehr, sie durfte mich ruhig in ihren Arm nehmen, auch wenn ich das sonst nicht so prickelnd finde, wenn einen jeder antatscht. Mir war nur peinlich, dass sie weinen musste. Ich habe nicht gewusst, wo ich hinsehen sollte. Aber einen lieben Eindruck macht sie bestimmt, ein unheimlich schönes, altes Gesicht hat sie. Und so eine ruhige Art. Ich habe noch überlegt, ob ich mich irgendwie an sie erinnern kann, aber das ist natürlich reiner Blödsinn.

Ich will jetzt so schnell wie möglich nach Hause, das heißt zu Agnes und den anderen. Es ist total bescheuert, dass der Jed erst in ein paar Stunden aus der Schule kommt.

Aber hier in dieses Haus von der Salvi gehe ich ganz bestimmt nicht mehr. Dabei hatte ich mich so sehr darauf gefreut, weil sie mir immer erzählt hat, wie schön wir es uns machen werden, wenn ich sie eines Tages besuche. Und dass sie extra frisches Wasser in ihren Pool einlaufen lässt. Und eine Barbecue-Party wollten wir mal abends machen, mit all den Kindern. Das kann ich mir jetzt wohl abschminken.

Jetzt regnet's auch noch, verdammte Seuche – immer muss alles auf einmal kommen.

Kurz nach dem Mittagstisch schlägt Lilis beharrliches Schweigen in hektische Körpersprache um. Plötzlich sagt sie: »Ich darf mal eben mit David telefonieren, ja?!« Und schon ist sie die halbe Treppe hoch zu unserem Zimmer gestürmt.

Zwei Gründe sprechen für Flucht: In Deutschland ist es jetzt erst kurz nach fünf Uhr morgens. Und auf der Galerie, wo wir einquartiert wurden, existiert überhaupt kein Telefon.

Ich entschuldige mich für einen Augenblick bei allen,

die noch rund um den stets üppig gedeckten Tisch sitzen und ihr Mahl nach Landessitte mit den Fingern essend beenden – *kamayan style* – und gehe ihr nach. Lili liegt auf ihrem Bett und weint, dass es die Welt erbarmt.

»Um Gottes willen, Lililein, was ist los?!«

Unter großem Schniefen: »*Gar nichts!*« Aber abgesehen von den Tränen – Lilis Augen konnten noch nie lügen.

»Was kann ich für dich tun?«

Sie schluchzt den Satz, den sie nicht mehr in sich ertragen kann, nur so heraus: »*Ich will zu meiner Mami!*«

»Aber, Lili…«

»*Bitte, Papa, fahr mit mir heim …*« Ihre Stimme wird laut, flehend laut.

»Aber, Lili…«

»*Bitte … ich will zu meiner Mami! Und zu meinem Hund will ich auch! Heute noch.*«

Sie steckt mitten im emotionalen Chaos. Und trifft mich hart am Herzen. Wenn ich bloß wüsste, wie ich mein Mädchen, das völlig durcheinander ist, beruhigen könnte.

»Aber das geht doch nicht, Lili …« Ich muss meine Ratlosigkeit mit diesem Stereotyp überbrücken.

Ihre Stimme erklimmt nun immer höhere Lagen: »*Wieso denn nicht? Sag mir: wieso?*«

»Wir sind doch erst zwei Tage da. Und du weißt, dass wir unsere Tickets nicht umtauschen können.« Ich lese in meiner Not jedes Argument auf, das ich greifen kann. Ausdruck schönster Hilflosigkeit.

Doch natürlich ist sie in dieser Situation Argumenteresistent.

»*Ich will aber zu meiner Mami …*«

Bleierne Zeit. Mir muss jetzt einfach etwas einfallen. Wie konnte ich nur annehmen, dass der Aufenthalt in Bacolod, eine Kurskorrektur ihres jungen Lebens, nebenwirkungslos verlaufen könnte? Es bleibt mir nichts anderes übrig, als einzulenken, wenn ich ihr jetzt einen Ruheraum für ihr Seelchen verschaffen möchte: »Okay, Lililein, ich werde morgen mit der Lufthansa in Manila telefonieren. Wir werden einen Weg finden, wie wir dich wieder nach Hause kriegen. Schlimmstenfalls kaufe ich dir ein neues Ticket.«

Zum ersten Mal in dieser so belasteten Situation sieht sie mich unter dem nassen Schleier hervor direkt an.

»Und du?!«

»Wie, ich?«

»Fliegst du nicht mit heim?«

»Nun, ich glaube nicht. Weißt du, gleich zwei neue Tickets kaufen, das wird mir ein bisschen zu teuer.«

Lili richtet sich auf, schnäuzt in ein Papiertaschentuch, dass es noch die anderen im Speisezimmer erbarmen müsste, und hat ihren kategorischen Tonfall wieder gefunden: »Nein, ich lass dich nicht alleine hier! Kommt gar nicht infrage. Dann fliege ich auch nicht.«

»He, pass mal auf, junges Fräulein, wenn dir so sehr danach ist, dann fliegst du, das ist keine Frage.«

»Nein, Papa, es geht schon wieder. Ich war nur plötzlich so traurig. Aber kannst du mir eins versprechen?«

»Natürlich. Was ist es denn?«

»Ich möchte nicht in Salvis Haus umziehen. Kannst du da mit der Agnes sprechen? Bitte, bitte, mach, dass wir bloß nicht umziehen müssen.«

Ich habe keine Ahnung, wie das gehen soll. Doch nun braucht sie erst einmal Trost, um nicht einen Lebensschaden davonzutragen. Ich muss mich noch mehr auf ihre fragile Situation einstellen, verspreche ich mir. Und ihr sage ich:

119

»Gut, ich werde mit Mae und Agnes reden. Wir werden bestimmt einen Weg finden. Die beiden sind ja auch voll auf deiner Seite, weißt du.«

Wir sprechen noch lange miteinander. Sie breitet mit der Restsüße ihres Schmerzes ihre Gemütslage aus. Ich holpere mich in der etwas aufgezwungenen Ruhe nach Art eines freundlichen Hindus durch das Gestrüpp.

Wir sprechen darüber, dass nichts geschehen wird, was Lili nicht will. Und darüber, dass wir unser Warnsystem, falls irgendetwas in eine unerwünschte Richtung laufen sollte, noch verbessern wollen. Ich denke mir: Noch nie hast du deine Tochter so lieb gehabt wie gerade jetzt. Und noch nie fiel es ihr wohl so leicht, in einer Umarmung zu verharren.

Wir sitzen da und reden und reden. Von großen Schäferhunden und einer so lieben alten Haushälterin. Von einem Raum, der so düster auf sie wirkt, und einem Sonnenbrand, der sich, schamrot, auf meinen Nasenrücken gesetzt hat und nun weithin leuchtet. Unsere Themen entfernen sich immer mehr aus dem Zentrum ihres Kummers. Und während ich mit ihr so Belangloses wie nur möglich bespreche, wird mir immer klarer: Lili wird auf dieser Reise ihrer Familie so wenig begegnen wie der Himmel dem Meer. Absolut sicher.

Lili schläft schließlich ganz sanft ein. Mit zwei weißen Stoffelefanten im Arm. Die hat ihr der David mit auf die Reise in die Ferne gegeben.

Am späten Nachmittag rufe ich Bebol an. Sie ist Leiterin des Patenkinder-Vereins, eine stets glänzend organisierte Philippina, die mir in Bacolod schon so manches Mal über Stolpersteine hinweggeholfen hat. Ich bitte sie, jemanden zu beauftragen, nach dem Verbleib von Lilis Familie zu forschen. In Bacolod, in Manila – egal wo. Diskret und ohne Nennung von Gründen. Berichterstattung ausschließlich an mich.

Ich kann nicht sagen, was mich ausgerechnet an dem Tag dazu veranlasst hat. Auch das ist eben nur so ein Gefühl.

Erst nachts um vier Uhr wacht Lili aus ihrem Tiefschlaf auf und weckt mich.

»Papa?!«

»Ja ... ist was?«

»Nein, nein. Darf ich dich was fragen?«

»Okay, aber mach bitte, ich habe noch eine Runde Schlaf nötig. Oder hab ich schon wieder geschnarcht?!«

»Nein, diesmal nicht. Nur ein bisschen. Darf ich mir jetzt was wünschen oder nicht?«

»Klar, wenn du mich danach schlafen lässt.«

»Dann möchte ich, dass du morgen früh nicht mit Agnes und den anderen zum Gottesdienst gehst.«

»Warum nicht?«

»Du sollst bei mir bleiben. Ich will, dass du die ganze Zeit bei mir bleibst.«

»Aber sonst machst du doch auch immer vieles allein.«

»Nein, *jetzt* möchte ich das. Dann geht's mir auch gleich besser.«

»Okay, Lili, kann ich jetzt weiterschlafen?«

»Ja ...«

Ich bin schon fast wieder in meine Träume versunken, als Lili noch ein Problem bei sich ortet. Sicherlich keines, das sie nicht seit längerem mit sich herumträgt.

»Meinst du, dass man in seinem Leben mehrere Eltern haben kann?«

Die Botenstoffe in meinem Körper lassen mich gleich viel wacher werden. »Kann schon sein, Lili. Du bist sicher

121

ein gutes Beispiel dafür. Aber das sage ich dir: Uns hast du auf jeden Fall lebenslänglich. Da kannst du gar nichts dagegen machen, da musst du durch. Tut mir Leid. Basta. Und darf ich jetzt mal weiterschlafen?«

»Klar doch.«

Es ist bei aller Schläfrigkeit herauszuhören, dass ihre liebevolle Abbürsterei beendet ist.

»Danke, Papa ... und ...«

»Was ist denn noch?«

»Schnarch bitte nicht so fürchterlich.«

9. Kapitel

Heute Morgen ist Salvi mit dem Schiff aus Mindanao angekommen. Als sie mich in der Villa Jalandoni anruft, strömt
einem schon die ganze warme, wohltuende Freude entgegen, zu der nur die engsten Freunde überzeugend fähig
sind.

Agnes hatte ihre Mutter schon am Abend zuvor per
Ferngespräch informiert, dass sich Lili kurzfristig in einer
fragilen Auszeit befand und dass sie erst einmal lieber im
Haus der Jalandonis wohnen bleiben möchte. Agnes und
ihre Familie gaben sofort ihre Zustimmung, und die fiel
sogar noch äußerst freudig aus. Mae sagte zu ihr: »Lili, in
meinem Haus wird es immer eine Mango mehr für dich
geben, als du essen kannst.« An ihm ist ein rechter Poet
verloren gegangen.

Salvi überlegt jetzt, wie sie es am besten anstellt, dass
sich Lili dann doch noch in ihrem Haus wohl fühlen könnte – zumindest besuchsweise. Einer lebensklugen Frau wie
ihr fällt immer schnell etwas ein:

»Was hältst du davon, Jens, wenn ich meinen Wagen
voller junger Leute lade und nachher auf einen Sprung bei
euch vorbeikomme?«

Großartig!

In der Zwischenzeit packt Mae seine Familie und uns in das Auto, um Lili ein bisschen die Landschaft rund um Bacolod zu zeigen. Die Straße zum Kanlaon, dem wuchtigen, von einer leichten Rauchfahne gekrönten Vulkan, der die Insel Negros überragt, führt durch gutbürgerliche Viertel. Lili fallen die Tausende von Scherben oben auf den Mauersimsen der Häuser auf, die ungebetenen Besuch verhindern sollen. »Ganz schön gemein«, kommentiert sie in ihrem mutiger werdenden Englisch, »was sollen denn die armen Leute anderes machen als einbrechen, wenn sie Hunger haben?« Das Stirnrunzeln von Mae bekommt sie nicht mit.

Gleich hinter der Stadt, bei Talisay, beginnen die endlosen Zuckerrohrfelder. Kaum einen Meter hoch steht um diese Jahreszeit die Garde in lichtem Grün. »Jetzt ist keine Saison«, erklärt Mae, »in zwei, drei Monaten sind die Rohre mindestens soo hoch ...« Seine rechte Hand, die nach oben schnellt, findet erst am Wagendach Einhalt vor Übertreibung.

»Ich möchte gerne ein Stück Zuckerrohr mit nach München nehmen«, meldet sich Lili. »Geht das?« Wir verabreden, ihr auf einem Feld einige Stücke zu schneiden, die schon mehr Süße haben.

Beim letzten Feld steigen wir aus dem Wagen und genießen den atemberaubenden Blick auf den fernen Vulkan, dessen Spitze allerdings in den Sommermonaten stets wolkenumflort ist. Näher können wir nicht heranfahren. In den nun dichter werdenden Wäldern, die sich bis zum Horizont hin erstrecken, übt die NPA die Kontrolle aus, die »New People Army«. Es sind Menschen, die ihre letzte Chance für ein Überleben in der Flucht Richtung Berge gesehen haben, um sich dort in Camps zusammenzuschließen, und sich von Zeit zu Zeit Kämpfe mit philippinischen

Soldaten liefern. »Kommunisten«, sagen diejenigen, die sich das Problem von Hunger und Armut gerne auf gewaltsame Art oder in einem radikal verallgemeinernden Begriff vom Hals schaffen würden.

»Sie sind *unsere* Kinder«, wettert Monsignore Josef Fortich, »und *wir* haben vergessen, ihnen anständige Nahrung und Kleidung zu geben. Nennt sie nicht Schuldige, nennt sie Opfer!«

Der frühere Bischof von Negros – wegen seines Muts und seines Eintretens für die Elenden einige Male für den Friedensnobelpreis vorgeschlagen – ist einer der beeindruckendsten Männer, die ich erlebt habe. Vor Jahren war ich dabei, als Fortich ein Riesenbüfett der Upper class von Bacolod – Gouverneur, Hacienderos, Hotelbesitzer, chinesische Kaufleute – in einer Halle segnen sollte. Der massige Monsignore, von der Statur her Furcht einflößend für seine Schäfchen, stellte sich an die Eingangstür und donnerwetterte los:

»Ihr wagt es, euch hier mit dem Feinsten eure Bäuche voll zu schlagen, und da draußen sterben die Armen unserer Gemeinde vor Hunger. Ich fordere euch auf, nein, ich befehle euch: Jeder nimmt sich nun einen großen Teller, lädt auf, was er tragen kann, und geht vor die Tür, um es den Benachteiligten zu geben. Und Abmarsch!«

Die Spitzen der Gesellschaft trollten sich mit den »guten Gaben«. In einem Land, in dem 98 Prozent aller Bewohner katholisch sind, widersetzt man sich nicht der »Empfehlung« eines Kirchenfürsten.

Man kann sich also vorstellen, dass Monsignore Fortich nicht überall gleichermaßen beliebt ist. »Auch er ist ein Kommunist!«, wird in gewissen Kreisen geraunt. Klar. Und zwei Anschläge auf sein Leben, mit Bombe und Gewehrkugeln, hat der unerschrockene Gottesmann, ein Trumm von einem Priester, auch schon überlebt. Wenn die Kirche weltweit lauter solche Frauen und Männer hätte wie diesen gütigen Goliath im Bischofsgewand, dann brauchten ihre Gemeinden nicht mehr so viele Austritte zu fürchten. Daran muss ich denken, als wir uns nun in der äußersten Zone befinden, die man hier ohne ein Heer von Bodyguards gerade noch betreten kann.

Es ist aber nicht dieses Gefühl von Unsicherheit, das uns dann zu einem schnellen Rückzug verleitet. Eine Armada von irisierenden Riesen-Libellen probt fleißig den Anflug auf unsere Köpfe. Aus einiger Entfernung könnte man sie für eine bunte, bedrohliche Hubschrauber-Staffel halten.

Mir ist das nicht geheuer gewesen da draußen im Busch, aber ich habe nichts gesagt. Die anderen hätten mich ja nur für ein verschrecktes Huhn gehalten.

Am meisten Angst habe ich hier vor Schlangen. Nein, vor großen Spinnen. Nein, doch mehr vor Schlangen! Ich habe in meinem Biobuch vor der Reise zwar nichts darüber gefunden, aber es soll in ganz Asien heftig giftige Dinger geben. Man sieht das ja auch an den Häusern, wenn man hier außerhalb der Stadt herumfährt: Alle stehen auf Pfählen, damit nicht jedes scheußliche Insekt und all die Nattern so einfach ins Wohnzimmer kommen können. (Obwohl ich glaube, dass man diese Räume sicher nicht Wohnzimmer nennen kann.)

Schuld daran, dass ich nun doch ein bisschen Schiss vor solchen Tieren in Bacolod habe, ist Papa. Er hat mir vor einiger Zeit von seiner ersten Reise nach Bacolod erzählt. Da wohnte er in einem Hotel namens »Seabreeze«. Das gibt es auch heute noch, es liegt gleich am Hafen, er hat es mir vorhin erst gezeigt, ein muffiger Kasten. Als Papa damals direkt nach der Ankunft unter die Dusche gehen wollte, hing eine Monster-Spinne am Plastikvorhang, die soll so groß gewesen sein wie ein ganz normaler Teller – wenn der Papa nicht übertrieben hat. Er erzählte, dass er dann mit einem Schuh mächtig auf die Spinne draufgehauen hat. Aber es tat sich nichts – oder doch, natürlich: Die Spinne rührte sich! Schock pur!

Ich finde, wenn man dann nicht schreiend aus dem Zimmer läuft, hat man nicht alle an der Festplatte. Mir wär's auch egal gewesen, ob ich dabei nun viel angehabt hätte oder nicht.

Später ist dann der Portier gekommen und hat die Spinne vom Vorhang direkt in einen Eimer fallen lassen. Igitt, ich kriege schon Pickel, wenn ich das nur höre.

Komisch im Magen wird mir aber auch, wenn ich jetzt von den NPA-Leuten höre. Die sitzen da oben auf dem Berg und haben Gewehre. Natürlich können die nicht so weit schießen, das sind ja mindestens noch 20 bis 30 Kilometer. Aber wer sagt denn, dass die nicht schon auch da vorne in dem kleinen Bambuswäldchen sind? Ich bleibe lieber in der Nähe vom Wagen.

Ich bin wirklich in einer wilden Gegend geboren. Gott sei Dank fahren wir jetzt wieder zurück.

Ich will auch gar nicht mehr anhalten und ein paar Zuckerrohr-Stücke abschneiden. Das können wir ein anderes Mal machen.

Als wir uns während der Rückfahrt noch einmal in Richtung Mount Kanlaon umschauen, geschieht das, was nicht nur der wackere Monsignore Fortich wohl als »richtiges kleines Wunder« bezeichnen würde: Die Wolkendecke reißt für eine Minute auf, und steil über dem Gipfel steht eine dünne Rauchsäule. Die Bauern in der Gegend fürchten dieses Sommer-Spektakel. Es heißt, das sei das Zeichen dafür, dass ein baldiger Ausbruch bevorstehen könnte. Dabei hat man noch die Aschenregen-Katastrophen vom Mount Pinatubo auf der Hauptinsel Luzon im Gedächtnis.

Lili lacht leicht irritiert: »Haben wir Schwein, dass wir nicht abergläubisch sind. Ein Vulkanausbruch – das wär jetzt nicht so ganz der Burner.«

Ich gebe zu, dass ihre Art, sich auszudrücken, auch mich gelegentlich vor einem Ausbruch stehen lässt.

Mit der üblichen philippinischen Verspätung von etwas mehr als einer halben Stunde – aber auch 60 Minuten Warten übersteigen noch nicht die Maßstäbe asiatischer Höflichkeit – trudelt Salvacion Tinsay im Hause ihres Schwiegersohnes Mae und ihrer ältesten Tochter Agnes ein. Auch wenn es sich um einen freudig erwarteten Besuch handelt, würde in Bacolod niemand die Notwendigkeit einsehen, eine Uhr für etwas anderes als eine Art richtunggebendes Instrument zu halten – oder doch wohl noch eher als Schmuckstück betrachten.

Alle haben sich im Eingangsbereich versammelt, um die Tita zu umarmen. Auch die Kinder, die es ohne jegliches Anzeichen einer lästigen Pflicht tun. Sämtliche Hausangestellten bekommen ein Kopfnicken des Wiedererkennens und ein paar keineswegs herablassend klingende Sätze auf Ilongo – wohl Komplimente über ihre neuen Uniformen. Das Ganze sieht aus wie eine »Royal Performance« in London, bei der die Queen würdevoll die Reihen ihrer Untertanen abschreitet. Einen leichten Knicks habe ich allerdings nicht ausmachen können.

Wir werden zuletzt »aus dem Hut gezaubert«. So ist es

von Agnes und Mae dramaturgisch vorgesehen. »Der Wagen kommt!«, hatte die ranke Agnes von der Lobby aus gerufen, wie man nun mal eben eine Herrscherin ankündigt. Und somit hatten wir, Lili und ich, uns neben dem Pool aufzuhalten (mit heimlichem Blick auf die Begrüßungszeremonie), bis Salvi die Familienformation abgenommen hatte. »Das Beste heben wir uns immer bis zum Schluss auf«, erklärte zuvor Agnes, die sehr empfindsam für die Gedanken der anderen ist. Mir war nicht bekannt, dass dieses Sprichwort auch in Asien seine Gültigkeit besitzt.

Mir kommen bei alldem dennoch ein paar andere Bilder des spanischen Hofzeremoniells in den Sinn. Ich wurde einmal zu Salvis Mutter, heute einiges über 90 Jahre alt, in ihrem eleganten Haus an der Peripherie von Bacolod eingeladen. Ein kleiner Palast mit einer Armada von dienstbaren Geistern, klein gekastelte Capiz-Fenster aus Edelhölzern, die sich nur die Reichen leisten können, Kampfhähne im Hinterhof, in der riesigen Wohnhalle Hunderte von Silberrahmen, in denen angegilbte Fotos stecken, Dutzende von schweren Stühlen mit kunstvoll ornamentierten Rückenlehnen – genügend Platz, wenn an Weihnachten die zuletzt über 220 engsten Mitglieder der Valderrama-Familie (der Begriff *Clan* kann nur zu falschen Gedanken führen) aus allen philippinischen Provinzen, aus Spanien und den USA eintreffen.

»Das ist unser Nest, aus dem wir alle entschlüpft sind«, so bezeichnete damals Salvacion Tinsay das Anwesen. »Außer der Kathedrale von Bacolod gibt es keinen Ort, an dem wir mehr Respekt voreinander und mehr Liebe zueinander empfinden.« Und der Satz klang auch nicht in einer einzigen Silbe sentimental oder kitschig. Hier, eine Flugstunde oder eine dreizehnstündige Schiffsreise entfernt von

129

Manila, richtet sich alles eben noch nach einem anderen moralischen und gesellschaftlichen Kompass.

Allerdings sagt Salvacion Tinsay auch offen: »Wenn wir unsere Moral und unsere Traditionen schon so hochhalten, dann ist es nicht zu begreifen, dass wir auf unserer großen Insel so viele Kinder verwahrlosen und sogar verhungern lassen.« Sie, die nie die Realität ausblendet, gehörte zu den Ersten, die in Bacolod nicht akzeptierten, dass das Böse immer erfolgreicher sein soll als das Gute.

Ausdauernd sind jetzt Salvis Umarmungen für Lili, in denen meine Tochter völlig verschwindet. »Du bist ja richtig blass, das muss hier anders werden«, raunzt Tita Salvi und wirft einen gespielt strengen Blick in Richtung der in Reih und Glied angetretenen Hausbewohner. »Ist sie noch nicht im Swimmingpool gewesen?«

Ich komme da besser weg: »Hast du wieder ein bisschen zugelegt?«, fragt sie und betrachtet meinen Airbag, der das Polohemd spannt, sehr missbilligend. »Du weißt, in deinem Alter muss man aufpassen. Iss viel Fisch und Mango, dann wiegst du in einer Woche mindestens zwei, drei Kilo weniger. Das steht dir besser.«

Eine Begrüßung so ganz nach meinem Geschmack.

Während Salvi die Anwesenden sehr bestimmt zu einem vorbereiteten Snack dirigiert – Agnes hat mit dem Auftreten der »Queen Mum« in ihrem Haus scheinbar das Amt der Patronin abgegeben –, muss ich wieder einmal staunen: Wie viel Energie doch in einer körperlich so zarten Person wie dieser Salvacion Tinsay steckt! Ich glaube, auch mit 70 Jahren hat sie sich noch nicht zugestanden, dass auch nur eines ihrer weit gesteckten Ziele schon hinter ihr liegen könnte.

Salvi genießt zweifellos ihren Solo-Auftritt im Hause Jalandoni. Nun gibt sie in einem Mischmasch aus Ilongo und philippinisch gefärbtem Englisch ein paar halblaute Kommandos, und durch die Eingangstür treten zwei junge Leute, denen wie auf magische Weise in der allerersten Sekunde Lilis ganze Liebe entgegenflattern sollte: Rona, 23 Jahre alt, lustig krauses Haar, klein, funny face mit den einzigen Sommersprossen, die ich je bei einer Philippina gesehen habe, stets quirlig in Bewegung, Salvis gute Hilfe im Büro. Und Josephus, 31, für einen Philippino erstaunlich groß, markant geschnittenes Gesicht, das einige europäische Vorfahren in der Ahnenschaft nicht leugnet, athletisch, erst einmal zurückhaltend freundlich, ohne steif zu wirken, ein ehemaliger Priesteranwärter und nun Salvis rechte Hand bei all ihren Projekten.

Lili vereinnahmt die beiden sofort. Ein paar Sätze lang lacht sie sich noch aus der Verlegenheit – dann ist das Trio für den Rest unseres Bacolod-Aufenthaltes eine verschworene Gemeinschaft mit hohem Unterhaltungswert. Unter dem Motto: Wo du hingehst, da will auch ich hingehen. Und wenn du lachst, dann will ich es auch tun.

Bereits nach einer Stunde werden gemeinsame Pläne geschmiedet: »Wir könnten ja mal zu Robinson's ins Multiplex-Kino gehen, die Plaza musst du unbedingt sehen, Punta Tay-Tay ist der schönste Strand in der ganzen Umgebung von Bacolod, hast du schon mal Lecheon gegessen – das ist so etwas wie Spanferkel, wird an einem Bambusstock gegrillt …«

Lilis Gemüt in Schieflage? Ich glaube, wenn ich sie jetzt darauf ansprechen würde, wüsste sie nicht mal mehr, was ich damit meine. (»Ich und traurig? *Ich* doch nicht, Papa!«) Ein schönes Vorrecht ihrer jungen Jahre, so schnell Kurskorrekturen vorzunehmen.

Rona und Josephus sind richtig süß. Ich habe gleich ein ganz tolles Vertrauen zu ihnen gefasst. Ich weiß auf Anhieb, dass wir zusammen auch eine Menge Spaß haben werden. Es wäre so schön, hier Freunde zu haben, richtige Freunde, neben den ganzen Erwachsenen natürlich.

Josephus will eigentlich einen sehr ernsthaften Eindruck machen, klar, er wollte ja auch mal Priester werden. (Kann ich mir bei ihm überhaupt nicht vorstellen – null!) Aber er hat so unglaublich viel Humor, macht gerne Blödsinn und ist überhaupt ein besonders netter Kerl. Das habe ich gleich gemerkt. Und ich gebe zu, dass er auch sehr toll aussieht. Aber deswegen darf keiner glauben, dass ich mich nun in ihn verliebt hätte, Schmarrn, da kann der David ganz sicher sein. Josephus hat eine Freundin auf Cebu, wo er eigentlich herkommt.

Ich habe Josephus versprochen, dass ich ihm etwas Deutsch beibringe, und er will mir ein paar Brocken Ilongo beibringen. Er hat gefragt, was »I love you« auf Deutsch heißt, und wir haben dann »Ich liebe dich« geübt. Er will damit seine Freundin – ich weiß gar nicht, wie sie heißt – überraschen. Wir haben sehr darüber lachen müssen. Wir beide haben eine richtig fette Lache. Salvi schaut dann immer ganz irritiert.

Rona ist eine ganz Niedliche, wirklich ein Schatz. Wenn sie lacht, dann giggelt sie minutenlang herum. Und auch sie lacht viel. Hoffentlich muss sie in den nächsten Tagen nicht so viel für Salvi arbeiten. Ich möchte hier nicht mehr ohne Rona (und Josephus) sein. Wir haben ganz viel über Klamotten geredet, über Tanzen (Rona tanzt auch so gerne wie ich, Josephus weniger) und darüber, wie es bei uns in Deutschland aussieht. Sie kann es sich gar nicht vorstellen: Schnee, Straßenbahnen, Ganztagesschule und all son Zeugs. Ich darf nicht vergessen, Rona gleich ein Buch über Bayern oder Deutschland zu schicken, wenn ich wieder daheim bin.

Ich gebe aber zu, dass mir an Rona mit am besten gefällt, dass sie noch ein ganzes Stück kleiner ist als ich, obwohl sie so viele Jahre älter ist, was man ihr aber gar nicht ansieht. Es baut mich unheimlich auf, dass die Menschen hier nicht so groß sind – außer Josephus, aber da macht es nichts, Männer müssen so sein. Rona fängt gleich wieder zu lachen an, als ich ihr das sage. Sie meint, dass es ihr völlig egal sein kann, wenn sie nicht so groß ist. Sie hat sowieso meistens mit Kindern zu tun, hauptsächlich mit denen in Salvis Haus. Einen Freund hat Rona wohl nicht – aber das kriege ich auch noch raus.

Ich habe Rona gleich gefragt, ob sie mal mit mir hier im »L. Fisher's Hotel« zum Friseur und zur Maniküre gehen möchte. Gestern sind wir daran vorbeigekommen, und ich bin fast umgefallen, als ich die Preise gesehen habe: etwa 3 Euro fürs Haareschneiden und 50 Cent für die Maniküre, sagenhaft! Dafür würde ich bei uns echt die Hölle bezahlen. Rona will mitkommen. Aber etwas Stress hat sie damit schon. Sie sagt, sie war noch nie bei der Maniküre. Als ob das was Schlimmes wär – ich war auch noch nie dort. Ist ja bei uns auch ätzend teuer.

Ich habe uns für Freitag im »L. Fisher's« angemeldet. Das wird geil!

Die nächsten Tage der Lilian Marie Josephine in Bacolod müssten eigentlich vergnügungssteuerpflichtig sein.

Wir werden von Salvi erst einmal mit dem unerlässlichen »schedule« eingedeckt, einem fast preußisch straff durchorganisierten Plan, der alles enthält, was wir besichtigen *müssen*, wen wir kennen lernen *müssen*, was Lili unbedingt gegessen haben *muss* (Lumpiang ubod, eine Art Frühlingsröllchen, und Manapla Puto, süßer Reiskuchen mit Anis, an oberster Stelle) – Pflicht und Kür, wobei jedoch der Spaßfaktor weit in den Vordergrund gerückt ist. Dies bestätigt ein Blick in Lilis Reisetagebuch, in das sie selbstverständlich lediglich in gewissen Auszügen Einblick gewährt, weil der Rest streng geheim und nur für Davids Augen bestimmt ist.

Ich habe einen riesigen Spaß mit Salvis Kindern aus dem »Bethlehem Receiving Home«, wie sie ihr kleines Waisenhaus genannt hat: mit Peter Max, Carlos, Yono und den anderen. Und vor allem mit Marie Pauline, dem einzigen Mädchen. Sie ist genau wie Peter Max 15 Jahre alt, und damit sind die beiden nur ein Jahr jünger als ich. Ich muss öfter daran denken: Wenn ich in Salvis Haus in Mandalagan geblieben wäre, wie würde ich da heute leben? Aber so richtig traurig macht mich der Gedanke nicht, weil ich finde, dass die Kinder einen ganz glücklichen Eindruck machen, auch wenn sie sich bestimmt lieber Eltern gewünscht hätten.

Wir sind so lieb empfangen worden von allen. Sie haben Papa und mir Begrüßungskränze aus lauter bunten Bonbons gemacht, eingewickelt in Papier, damit es nicht so furchtbar klebt. (Normalerweise kriegt man ja hier als Besucher Kränze aus Sampaguta, wie das heißt, das sind kleine Blumen, die wie Maiglöckchen aussehen und ähnlich riechen.) Das Essen gab es dann auf der Terrasse, und alle Kinder durften mir eine Frage stellen. Marie Pauline, eine ganz Hübsche, wollte natürlich gleich von mir wissen, ob ich Britney Spears mag. Sie war ganz glücklich, als ich ihr sagte, dass sie meine augenblickliche Lieblingssängerin ist und dass ich bei den Jungs auf O-Town stehe. Peter Max fragte mich (klar!), ob ich schon einen Freund habe. Alle lachten wie blöde. Gut, dass sie so braun sind, sonst hätten sie noch einen roten Kopf bekommen. Ich habe ihnen dann von David erzählt, aber nur ein bisschen.

Zum Schluss haben mich die Großen wie Peter Max oder Carlos und Marie Pauline für Samstag zum Kino eingeladen. Da sind mir fast die Tränen gekommen. Sie haben doch selbst gar kein Geld und sehen vielleicht nur ein- oder zweimal im Jahr einen Film bei »Robinson's«. Ich habe mit Papa ausgemacht, dass wir natürlich den Eintritt bezahlen.

In einem kleinen Geschäft habe ich eine Haarspülung mit Henna-Extrakt gefunden – speziell für schwarze asiatische Haare: »Cream Silk – Black Shine.« Ich darf nicht vergessen, mir eine große Plastikflasche davon mitzunehmen. Es macht mein Haar wirklich ganz seidig schwarz – auch wenn das jetzt wie 'ne Scheiß-Werbung klingt!

Wir waren in Puntavedra am Strand, etwa zwei Stunden von Bacolod entfernt, Richtung Süden – ein Traum, absoluter Hype, sag ich. Der Sand ist zwar nicht so schön hell, wie ich ihn mir vorgestellt habe, aber sonst war alles vorhanden: Palmen, Fischerboote mit farbigen Ornamenten am Bug, die man hier Okir nennt, tolle Wellen, kleine Hütten aus Nipa, was so eine Art Schilf ist. Salvi organisierte ein Picknick direkt am Strand, mit schwarzen Krabben, Galunggan, so was wie Sardinen, und natürlich Chicken, Chicken, Chicken. Wenn ich nach Hause komme, kann ich erst mal ein Jahr kein Hühnchen mehr sehen, sie kommen mir schon zu den Ohren raus.

Josephus hat mit mir dann den Viniclint Dance getanzt.

Da werden in Bodennähe ganz schnell und rhythmisch von zwei Leuten zwei lange Latten aneinander gehauen, und man muss versuchen, absolut fix zwischen die Hölzer zu springen und seine Füße noch schneller wieder in Sicherheit zu bringen, ähnlich wie beim Seilhüpfen. Manchmal habe ich's ganz schön verbauert – aber es war trotzdem ein Megaspaß – und Josephus so geduldig. Er hat so lieb aufgepasst, dass ich das mit dem Tanzen auch wirklich drauf kriege.

Danach haben die Mädels aus Salvis Büro und ich einen langen Strandspaziergang gemacht und Muscheln gesucht. Sie sind alle so süß, ich könnte ihnen echt meine ganzen Sachen schenken. Als wir zurückkamen, spielte Salvi auf einer kleinen Gitarre und sang »My little Sunshine«. Papa hat gesagt, jetzt wäre ihm schon klar, warum Salvi hauptsächlich mit Taubstummen zusammen ist. Das fand ich schon ziemlich gemein.

Es ist bitter, dass es in Deutschland keine Palmen gibt, bloß diese lächerlichen Zimmerdinger. Und ich glaube auch nicht, dass man in der Nordsee handtellergroße Muscheln findet, richtige Kunstwerke, so wie hier am Strand. Aber was bei uns ein Nachteil ist, hat auf der anderen Seite auch Vorteile: Wir kennen keinen Taifun! Was das bedeutet, habe ich gelernt, als wir gerade aus Puntavedra weggefahren sind. Der Taifun kündigt sich durch einen Himmel an, der wie eine schwarze Wand aussieht, richtig furchtbar. Und dann geht alles ganz schnell: Erst kommt eine Riesendusche, dann ein Wind, der einen von den Beinen reißen würde. Ganze Hüttendächer fliegen durch die Luft. Innerhalb von Minuten stand die Uferstraße, über die wir in Richtung Bacolod fahren mussten, mindestens 20 bis 30 Zentimeter unter Wasser. Krass dramatisch. Eine Viertelstunde lang wurde unser

Auto durchgerüttelt, dass ich es mit der Angst bekam. Ein echtes Naturerlebnis – aber auch das gehört mit zu meiner Reise. Gott sei Dank hat es diesmal keine Toten gegeben, obwohl auf dem Meer viele Boote gekentert sind.

Heute bin ich mit Jed in seine chinesische Schule gegangen – ins Second Grade, ich glaube, das ist so was wie die Mittelstufe. Ich durfte sogar eine Deutschstunde geben – ich habe deutsch gesprochen, und die anderen haben sich schief gelacht. Muss sich für die wirklich komisch angehört haben, eine Philippina, die so merkwürdige Sätze sagt. Was mir gleich auffiel: Die Kinder – Jungen und Mädchen – waren alle ganz neidisch, dass ich ein rotes T-Shirt und Jeans anhatte, sie mussten alle die Schuluniform tragen, ein weißes Hemd und beige Hose, nicht gerade stylish. Mrs. Zhu, die Direktorin, hat mir die ganze Schule gezeigt und mich wegen meines Englisch gelobt. Im nächsten Jahr fahre ich mit meiner Mami hierher – die glaubt mir sonst nie, dass mich mal eine Direktorin gelobt hat.

Mir ist das überhaupt nicht mehr fremd, dass hier alle aussehen wie ich. Man gewöhnt sich ganz schnell dran. Ich habe innerhalb von zwei Tagen eine ganz dunkle Haut bekommen, die sehr schön ist, wie ich finde (ohne Sonnenbrand, obwohl ich ja auch eine chinesische Haut habe).

Ich bin froh, dass ich nicht so hell bin wie die meisten Menschen in Deutschland, das wäre mir echt zu mühsam, mich in den Garten zu legen, nur um ein bisschen Farbe zu bekommen. Nur die Haare hätte ich manchmal gerne etwas lockig. Das ist ein verdammter Stress, bis ich das hinkriege. Wie bei meinem Abschlussball, als ich etwas Schwung in meine Haare kriegen wollte. Und dann ist einer gekommen und hat gesagt: »Mensch, Lili, vorher fand ich deine Haare viel geiler ...«

*Agnes hat mir unheimlich coole Perlen-Ohrringe ge-
schenkt. Sie ist wie eine richtige Freundin – und wirklich
sehr, sehr hübsch. Man merkt wirklich nicht, dass sie
schon 40 Jahre alt wird. (Das habe ich, glaube ich, schon
mal geschrieben, aber wenn's doch wahr ist! Ich möchte
eines Tages mal aussehen wie sie, nur 40 möchte ich nicht
so schnell werden.) Von Salvi haben wir schon 20 Tüten
mit getrockneten Mangos bekommen, zum Mitnehmen
nach München für die anderen. Ich will im Augenblick aber
noch nicht daran denken, dass wir bald wieder zurück-
fliegen. Obwohl mir meine Mami fehlt. Und mein Hund Pu-
Yi. Ja, und Tom, und natürlich der Sveni auch. Tom ist jetzt
in Berlin. Und Sveni irgendwo in Burma, megascharf! Aber
warum kann eine Familie denn nicht immer zusammen-
bleiben?*

*Vorhin gab es einen richtigen Monsunregen. Bei 44
Grad, wie die Tafel an der Plaza zeigte! Die Plaza ist der
Mittelpunkt in der City, so ein weißer Pavillon. Und das Ko-
mischste daran: Ganz oben an den Säulen stehen lauter
Namen von den berühmtesten europäischen Komponisten
wie Mozart oder Beethoven. Wir waren Gott sei Dank in
einem Geschäft für Handtaschen, als der Regen so richtig
losgepladdert ist. Regen kann man das ja eigentlich gar
nicht nennen, das Wasser ist nur so gegen die Scheibe
geklatscht, als wenn es jemand mit dem Eimer dagegen
geschüttet hätte. Das ist schon ganz schön heftig hier in
den Tropen.*

*Heute waren wir im »Welcome Home« – ein unglaublicher
Ort. Ich habe alle taubstummen Kinder wiedergesehen,
die uns am Flughafen mit Fahnen und so begrüßt haben.
Teresa, Vita, Jade, Eli, der irre dünne Junge, der so gerne
fotografiert – ich krieg die Namen gar nicht alle zusammen.*

Es war mein bisher schönster Tag hier. Rona war mit, und Josephus natürlich. Ich wusste gar nicht, dass er auch Übersetzer für Gebärdensprache ist, sogar einer von nur fünf oder sechs Philippinos, die dafür das Diplom haben. Seine Freundin ist bestimmt sehr stolz auf ihn. Wie sie wohl aussieht? Sicher sehr, sehr hübsch.

Die Kinder von »Welcome Home« wohnen in drei Häusern, die ganz wenig, aber dafür sehr sauber eingerichtet sind. Jedes Kind hat nur ein Bett und einen Kasten, in dem es seine Sachen und die Schulbücher aufbewahrt. Das ist alles. Trotzdem ist hier eine Stimmung, die ich gar nicht richtig beschreiben kann. Weil die Kinder alle nicht sprechen können, ist es unheimlich ruhig, nur manchmal hört man so ein paar Laute, die sich wie einzelne Buchstaben anhören. Wenn sie sich etwas sagen wollen, berühren sich die Kinder, klopfen sich auf die Schulter und so. Und es wird ganz viel gelacht, wie es auch der Pater Joe an die Tür seines Zimmers geschrieben hatte: »Ihr könnt hier ruhig brüllen, denn es hört euch keiner. Aber ihr dürft nicht aufhören zu lachen, denn es sehen euch alle.« Mir hat das unheimlich gefallen. Mir sind sogar Tränen in die Augen gekommen.

Die Kinder wohnen alle hier in diesen kleinen Häusern im Vorort Mansilingan, obwohl die meisten von ihnen schon noch Eltern haben. Da sie aber vom Land stammen, hatte ihnen niemand die Sprache beibringen können, mit der sie sich ausdrücken können. Nicht einmal mit den Eltern und den Geschwistern konnten sie reden. Nun sind sie hier, gehen in Bacolod zur Schule, wo sie Unterricht in Gebärdensprache, Mathe und Englisch kriegen. Auch ihre Eltern kommen ein paar Mal im Monat ins »Welcome Home« und lernen die wichtigsten Zeichen. Das muss irre gewesen

sein, als sie zum ersten Mal mit ihren Kindern reden konn-
ten – ich meine: mit den Händen sprechen konnten – das
ist schon die Härte.

Die Kinder haben sogar für uns getanzt. Am Anfang habe
ich überhaupt nicht kapiert, wie sie das machen – sie hören
ja nichts, kein bisschen. Aber Salvi hat es mir erklärt: Sie
spüren den Rhythmus der sehr lauten Musik in den Füßen
und im Magen, und so wissen sie genau, wie sie sich be-
wegen müssen. Ich fand das so toll, dass ich am liebsten
geheult hätte. Es kommt aber noch besser: Zuerst hat mir
Eli Ong Zeichen gemacht und dann auch noch Lorfely Al-
varado. Sie wollten, dass ich mit ihnen tanze. Ich habe mir
nach einer kurzen Schock-Pause Rona geschnappt, und
wir sind auf die Bühne gegangen (Josephus wollte nicht, er
tanzt wirklich nicht so gerne – wie alle Männer!). Jeder hat
einfach Figuren getanzt, wie er wollte, Hip Hop, House und
so. Und dann hat mich Rona aufgefordert, ihnen allen ein
paar neue Schritte zu zeigen. Man glaubt das ja gar nicht:
Alle können nichts hören, nichts, und trotzdem machen die
ganz exakt die Schritte nach der Musik. Ich hatte so tieri-
schen Spaß beim Tanzen wie noch nie in meinem Leben.
Stundenlang. Sogar eine Polonaise haben wir gemacht,
quer durchs Gelände. Im ganzen Purok, so heißt das hier
für »Stadtviertel«, schauten die Leute über den Zaun und
haben sich totgelacht. Ich hatte richtig eine Gänsehaut. Ich
bin so unheimlich glücklich!

Wie jeden zweiten, dritten Abend sendet Lili ihrer Mami
eine ellenlage E-Mail nach München. Diesmal lautet sie:
»Bitte schick mir ein Pfannkuchen-Rezept, ich will hier mal
für alle kochen. Geht es meinem Hundi gut? Ich vermisse
ihn so. Dich natürlich auch. Ich habe mir schon zwei ganz

billige Jeans gekauft.« Ihr Nachsatz aber lautet: »Übrigens: Ich werde den heutigen Tag nie in meinem Leben vergessen. Und wenn ich 70 Jahre alt werde ...«

10. Kapitel

Kurz nachdem wir in dieser Nacht das Licht ausgemacht haben, meldet sich Lili noch einmal:

»Papa, ich möchte gerne das Haus sehen, in dem meine Eltern gewohnt haben.«

Dasein bedeutet, gelegentlich mit der Fassungslosigkeit zu kämpfen. Mit Lili kann man jeden Tag ein neues Leben entdecken. Mit wachsender Aufgeregtheit höre ich mir zu, wie ich sage: »Gut. Wir werden es schon finden. Mrs. Santander weiß auf jeden Fall, wo es ist.«

»Hatten wir denn eine Wohnung oder ein Haus?«

»Eine Hütte, nehme ich an, Lili.«

»Eine Hütte?« Es klingt nicht uninteressiert. »Und du weißt nicht, wo genau die ist?«

»Nein, ich weiß nur, dass du in San Sebastian Subdivision geboren bist.«

»Warum wolltest du meine Mutter nie sehen?«

Mir fällt brandheiß ein Satz ein, den ich mal irgendwo gehört habe: Wenn die Wunde nicht mehr schmerzt, dann schmerzen die Narben. Ich würde jetzt schon einiges dafür geben, nicht antworten zu müssen.

»Das weißt du doch. Wir haben öfter darüber gesprochen.«

»Sag's mir trotzdem. Noch mal.«

Keine Chance zu entkommen.

»Als die Mami und ich mit Tom und Sveni dich zum ersten Mal hier in Bacolod getroffen haben, da gab es ganz kurz eine Möglichkeit, deine Mutter zu sehen. Salvi musste sich von ihr noch ein paar Papiere unterschreiben lassen. Wir hätten mitgehen können. Aber wir waren zu feige dazu.«

»Wieso denn feige?«

»Du kannst das vielleicht nicht verstehen, doch es ist schließlich nicht so ganz leicht, vor eine Mutter hinzutreten und zu sagen: So, ab jetzt sind *wir* die Eltern Ihrer Tochter.«

»Aber sie hatte mich weggegeben ...«

»Ja, aber doch nur, weil sie nicht wusste, wie sie dich am Leben erhalten sollte. Sie hat dich doch trotzdem vermisst, hat sich unglaubliche Sorgen gemacht. Daran möchte man nicht einfach so rühren, verstehst du?«

»Ja, irgendwie schon. Aber vielleicht wäre meine Mutter dann nicht mehr ganz so traurig gewesen, wenn sie gewusst hätte, wo ich bin.«

»Vielleicht. Doch wie konnten wir das so genau wissen?«

»Weiß nicht ... Du hättest es aber später mal probieren können, sie zu treffen.«

»Lililein, wir haben doch schon so oft darüber gesprochen. Salvi sagte mir, dass deine Mutter mit deinen Geschwistern nach Manila gegangen ist. Und das Letzte, was die da haben, ist ein Einwohnermeldeamt. Die Chancen hätten eins zu einer Million gestanden.«

»Klar. Ich will ja auch nur mal so durch San Sebastian fahren.«

»Ich erkundige mich morgen nach dem Haus, versprochen.«

»Ich steige aber nicht aus dem Auto ...« Es scheint, als hätte sie sich ihrem Entschluss schon wieder ein wenig entzogen.

»Musst du ja auch nicht, außerdem kannst du dir das ja noch vor Ort überlegen.«

»Nein, tue ich bestimmt nicht. Meinst du, dass da noch jemand von meinen Verwandten im Haus wohnt? Oder in der Hütte?«

»Keine Ahnung. Vielleicht ein Bruder oder eine Schwester.«

»Ich will sie aber nicht sehen!« Ihre Stimme wird heftiger.

»Gut – aber warum nicht?«

»Ich weiß nicht, ich würde ihnen vielleicht mein ganzes Geld geben ... nein, ich hätte Angst davor.«

»Musst du nicht haben. *Du* bestimmst, okay? Wir halten nur, du steigst kurz aus und schaust dir von draußen das Haus oder die Hütte an, okay?«

»Du hast gesagt, ich kann sitzen bleiben.«

»Gut. Dann bleibst du eben sitzen.«

»Ich bin jetzt voll müde.«

Sie setzt sich, so viel ist im schwachen Lichtschein, der von draußen hereinfällt, zu sehen, die Kopfhörer ihres Minidisc-Spielers auf die Ohren und dreht an Knöpfen herum. Lili ist in ihre Musikwelt abgetaucht, die sie bei weitem nicht nur zum Einschlafen braucht.

Doch nach ein oder zwei Minuten taucht sie noch einmal kurz auf. Sie reißt sich die Beschallung vom Kopf und schaut zu mir rüber.

»Ich kann ja hier im Haus bleiben, Papa.«

»Wann?«

»Überhaupt. Ich meine ja nur so. Für ein paar Monate, Jahre.« Sie testet eindeutig meine Reaktion.

»Aber Lili, hättest du denn überhaupt kein Heimweh?«

»Das schon … ein bisschen.«

»Ein bisschen?«

»Ja, nach meiner Mami, nach Pu-Yi, Dodo, Sveni und dem David. Ach doch, viel Heimweh.«

»Soso. Und wann komm ich da an die Reihe?«

»Duuu? Du würdest doch mit mir hier bleiben, oder?!« Dann stülpt sie sich wieder die Musik auf die Ohren. Und bald atmet sie sehr regelmäßig.

Komisch, denke ich, man ist dann doch schockiert, wenn man das hört, was man seit längerem zu hören erwartet. Ich muss morgen unbedingt Bebol anrufen und fragen, was die Recherchen nach dem Verbleib von Lilis Familie machen. In dieser Nacht passiert das, was ich so hasse: Ich wache mindestens fünfmal auf, wälze mich von einem Bettende zum anderen und liefere mich den Gedanken aus, für die es – zumindest jetzt – wieder einmal kein Ufer gibt.

Als ich am nächsten Morgen Salvi von meinem mitternächtlichen Gespräch mit Lili erzähle, lassen sich die bei ihr seltenen Sorgenfalten sehen. »Hältst du es unbedingt für richtig, wenn sich Lili das Haus ihrer Eltern ansieht, in dem sie als Baby war?«, rückt sie nur zögerlich damit heraus.

»Warum nicht? Dann hat sie wenigstens ein paar Anhaltspunkte und Bilder mehr über ihre ersten Tage. Ist doch wichtig für ihre Identitätsfindung. Wieso bist du da so skeptisch?«

Salvi zupft mit der Rechten an ihren kurzen Haaren

146

herum und schaut mich über den Rand ihrer Lesebrille an – bei ihr bestes Zeichen für: Pest an Bord.

»Ich kenne sechs Fälle von adoptierten Kindern hier in Bacolod«, beginnt sie bedächtig. »Fünf der Kinder sind später wieder auf Besuch in der Stadt gewesen. Vier von ihnen wollten ihre Familie auf keinen Fall kennen lernen – und haben es auch nicht getan.«

»Und das fünfte Kind?«

»Ja, es wollte. Das Mädchen hat zwei Geschwister getroffen, die Mutter war in der Zwischenzeit gestorben.«

»Und?«

»Es ist zuerst ganz gut gegangen. Aber dann haben die Brüder das Mädchen – es wohnt inzwischen in Australien – gedrängt, ihnen Geld zu geben. Und sie schickten einen Bettelbrief nach dem anderen, wie wir dann erfahren haben.«

»Gut, aber so ist das eben mit der Not«, meine ich, »wir können uns da nicht hineinversetzen. *Wir* haben ja nicht gehungert, also dürfen wir unseren moralischen Vorstellungen ruhig misstrauen, wenn es darum geht, über ›Bettelei‹ zu urteilen, auch in einem solchen Fall.«

»Natürlich«, pflichtet Salvacion Tinsay bei, doch ihre Augen verraten, dass sie es jetzt für sinnlos hält, mir den ganzen Hintergrund ihrer Gedanken auszuleuchten. Und wie auf Bestellung läutet ihr Handy – was man nun nicht für eine besondere Fügung halten muss, denn ihr »Quarkophon« (wie Lili es heimlich getauft hat, weil sich Salvis melodisch geschnattertes Ilongo für sie eben so anhört) schlägt tagaus, tagein an.

Als Salvi das Gespräch beendet hat, lenkt sie mit einer Frage davon ab, womit sie sich im Augenblick nicht weiter auseinander setzen möchte: »Was machst du eigentlich, wenn du dem Richter begegnen würdest?« Aber auch dieser Satz ist bei ihr von einer kleinen Sorgenfalte begleitet.

Der Richter – in diesem Falle ein unangenehmes Wort mit dunklen Erinnerungen. »Lebt er denn noch? Er war doch damals schon ziemlich alt.«

Salvi erhebt den Blick zum Himmel: »Ich weiß es nicht, er ist der Letzte, dem ich noch einmal begegnen möchte. Ich verachte ihn.«

Euer Ehren D. J. – ein besonders miserables Exemplar der menschlichen Kreatur. Weil er »die Kralle machte« (so wird im Hotelgewerbe die offene Hand genannt, die auf Geld wartet), musste ich viermal von Deutschland auf die Philippinen fliegen, bevor ich dann Lili mit nach München nehmen durfte. Gezahlt haben wir dem einnehmenden Gerechtigkeitsvertreter auch nicht einen Peso – wir wollten ein Kind *adoptieren*, nicht *kaufen*. Auch wenn die vier Flüge nach Manila schließlich wohl ungleich mehr gekostet haben, als der saubere Herr Richter jemals verlangt hätte.

Ein edler Entschluss? Ach was! Nur: Jeder muss später mit seinem Verhalten bei einem so wichtigen Schritt wie einer Adoption im Reinen sein können, um auch nicht die geringste Belastung aufkommen zu lassen. Und wer solche schmierigen Widerlinge bezahlt, der macht sich eindeutig mitschuldig am schwunghaften Kinderhandel, den es in dieser Welt nun mal leider auch in Sachen Adoption gibt.

Erst eine unverhohlene Drohung meinerseits, zu der mir die philippinischen Freunde und vor allem Salvacion Tinsay geraten hatten, konnte den schmierigen Kerl damals vor mehr als 15 Jahren im vierten Anlauf doch noch dazu »bekehren«, Lilis Ausreisepapiere zu unterschreiben. Besonderen Stolz ruft es jedoch nicht hervor, einen alten

Roben-Gangster dermaßen erschreckt zu haben, indem ich ihm Ärgeres als die Pest androhte, falls ...

»Du warst es doch auch, die mir geraten hatte, die ›philippinische Methode‹ anzuwenden«, sage ich zu Salvi. Es macht mir den Eindruck, als ob sie im Augenblick an einer Art Unterversorgung ihres Gedächtnisses leidet. Und das kann ich sehr gut verstehen. Äußerst abstrus war es, was sie mir in ihrer Verzweiflung, mich so unglücklich wieder abreisen lassen zu müssen, vorschlug: »Du musst ihm mit dem Schlimmsten drohen. Es hilft nichts, du musst bis zum Äußersten gehen.«

Daran hatte ich auch gedacht, diese Gedanken aber bald verworfen, weil sie mir zu abwegig und gefährlich erschienen. »Glaube mir«, sprach dann die sonst so auf Ausgleich bedachte Salvi auf mich ein. »Dreimal hat der Richter dich schon auf das gemeinste auflaufen lassen, er wird nicht nachgeben, wenn du dich nicht noch viel energischer wehrst.«

Die philippinische Methode ... Ich sollte eingeweiht werden, was damit gemeint war.

Danach hängte ich mich ans Telefon und rief den miserablen Richter unter seiner Privatnummer an. Die vor Aufregung zitternde Salvi in der Nähe, polterte ich gleich los und stieß die unverhohlene Drohung aus: Richter, wenn unserer Tochter während meiner Abwesenheit auch nur das Geringste passiert, oder wenn wir sie gar nicht bekommen sollten, weil Sie dafür Geld haben wollen, dann ...

Ich bin wahrlich nicht sehr stolz auf das, was ich danach sagte und was den plötzlich nach Luft schnappenden ehrenwerten D. J. scheinbar bis kurz vor die Ohnmacht brachte. Aber spätestens seit diesem dunklen Augenblick weiß ich, dass in jedem Menschen ein gewalttätiges Potenzial steckt,

wenn man ihn nur lange genug bis auf den letzten Bluts-
tropfen quält!

Ich flog am nächsten Morgen nach Hause – natürlich
ohne das Baby Lilian Marie Josephine. Kaum eine Woche
später aber ließ mir diese Ratte von einem Richter durch
einen seiner Mitarbeiter via Salvi ausrichten, dass ich nun
endgültig Lili abholen könnte – die von ihm unterschrie-
benen Papiere lägen bereits beim Sozialministerium in
Manila – und von dort wären keinerlei Einwände mehr zu
erwarten.

Der Sieg unbeschreibbarer Androhungen? Auch wenn
das Ergebnis schließlich so ausfiel, wie bereits seit langem
ersehnt, habe ich an das Telefonat und die »philippinische
Methode« nie mehr denken können, ohne mich zugleich
auch zu schämen.

Salvacion Tinsay und ich, wir haben bis zu jenem Augenblick der Reise mit Lili nicht mehr über diesen verbrecheri-
schen Richter D. J. sprechen können. Bis eben jetzt, da Salvi aus ihrem Gemütszustand heraus diesen Rechtspatron
erwähnt hat. Nein, denke ich nun, nein, den Richter, wenn
er nun noch gegenwärtig wäre, würden wir nicht *eines* Bli-
ckes würdigen.

»Weiß Lili von diesem miesen Hund?« Normalerweise
gehören solche Bezeichnungen nicht zu Salvis Repertoire.

»Ich habe ihr davon erzählt, ja. Es soll da keine weißen
Stellen für sie geben.«

Wie aufs Stichwort kommt Lili hinzu, was das Thema
erst einmal ad acta legt.

Beim Frühstück drucksst Lili herum, umschifft aber eine
ganze Weile das, was ihr wieder einmal auf dem Herzen
liegt. Einige Stunden bleibt sie so verrätselt, nimmt auch
keine aufmunternden Vorlagen meinerseits wahr. Erst als

150

Salvi, Rona und Josephus einige Zeit abgelenkt sind, rückt sie damit raus:

»Also, ich will schon nach San Sebastian. Aber am Haus will ich jetzt doch nicht vorbei. Das musst du mir versprechen. Und das *bleibt* auch so. Ich ändere meine Meinung nicht mehr, das verspreche ich dir!«

»Sag mir wenigstens: Wieso hast du dich jetzt wieder anders entschieden?«

»Weil …«

Wie schon erwähnt: Wenn Lili einfach nur »weil« sagt, dann ist sie gegen weitere Argumente immun.

Nachdem sie das losgeworden ist, schaut Lili wieder sehr befreit ins junge Leben. Ich schätze mal, dass der Fels, der auf ihr lastete, einige Tonnen gewogen hat. Lili albert nun wieder sinnfrei mit Rona und Josephus herum, erliegt willig bei »Robinson's« ihrem Shopping-Gen und kauft Schuhe in Hoch-Form, damit sie noch ein kleines Stück über ihre normale Größe hinauswächst.

Ja, Lili ist wieder – soweit man das von außen beurteilen kann – das Fräulein Sorgenfrei. Doch die Dämonen sitzen eben unter der Oberfläche …

11. Kapitel

Am Abend händigt mir Agnes einen Umschlag aus, den Bebol hat überbringen lassen. Ich kann mir sofort denken, worum es geht. Beim Öffnen des weißen Kuverts kommt so ein Gefühl in mir auf, wie ich es zuletzt beim Aushändigen des Jahreszeugnisses in der Schule hatte – wenn ich mich recht erinnere.

Betrifft: Familie Sanz
(Ergebnis der Nachforschungen, ausgeführt von Mrs. Suzette O. Santander)
Die Familie lebt nahe der Sum-ag-Brücke neben der Providence-Reismühle, einen Steinwurf entfernt von Sum-ag Public Market. Verwitwet seit Jahren, hat sich die frühere Mrs. Sanz wieder verheiratet mit einem gewissen Mr. Bulwag, einem Witwer mit neun Kindern aus seiner früheren Ehe. Die jetzige Mrs. Bulwag hingegen hat sieben Kinder aus ihrer Ehe mit dem verstorbenen Mr. Sanz. Die Familie lebt von der mageren Rente des Mr. Bulwag. Die ganze Kinderschaft lebt in dieser armen Gemeinde eine Von-der-Hand-in-den-Mund-Existenz. Um das Einkommen ihres Mannes ein bisschen zu vergrößern, verkauft Mrs. Bulwag täglich gegenüber von der Bacolod City National High

School an einem kleinen Stand verschiedene Essens-
waren.
Geben Sie mir bitte Bescheid, wenn ich weitere Nach-
forschungen anstellen soll.
Übermittelt durch:
Remy L. Vergara

Lili ist nicht in der Nähe – und das ist gut so. Ich muss mich einige Zeit auf die Terrasse setzen, um das Schreiben zu verdauen. Agnes sieht ein paar Mal um die Ecke, lässt mich aber ungestört mit meinen Gedanken allein.

Die Familie lebt nahe der ... Brücke ... (das sind vielleicht drei, vier Kilometer von hier) ... *sieben Kinder aus ihrer Ehe ...* (wir sind immer von neun ausgegangen) ... *Von-der-Hand-in-den-Mund-Existenz ...*

Jetzt bloß senkrecht und in der Balance bleiben. Die Mitteilung, jeder einzelne Satz, muss erst einmal ins Unterbewusstsein einsickern. Bald jedoch wird mir klar: Egal, was ist und was sein wird, diese Reise wird uns in jedem Fall verändern. Und das nicht unerheblich. Ganz unabhängig davon, ob Lili ihre Familie aufsuchen will.

Aber – hatten wir überhaupt etwas anderes erwartet? Erwarten können? Hatte ich darauf gehofft, dass Lilis Familie tatsächlich nach Manila gegangen und dort unauffindbar von dem Moloch Riesenstadt verschluckt worden war?

Was mach ich jetzt bloß mit den Informationen? Ich kann sie doch nicht einfach Lili unter die Nase halten mit den Worten »So, damit du etwas mehr Klarheit hast ...«

Das Versprechen, keinen Druck auf sie auszuüben, ist durch nichts aufgehoben. Das schlimmste Ergebnis dieser Reise wäre, wenn es zu einem Vertrauensverlust kommen würde. Es wäre kaum jemals wieder gutzumachen, wenn

Lili nicht mehr wüsste, dass sie sich jederzeit auf uns (und das gegebene Wort) verlassen könnte. Andererseits: Ich kann das Stück Papier auch nicht ohne jegliche Reaktion in meiner Tasche brennen lassen. Wenn jemand auf diese Mitteilungen ein Anrecht hat, dann ist es Lili.

Ich mache das, was mir im Augenblick als das Klügste – das Einfachste? – erscheint: Entscheidung verschieben. Mit den theoretischen Überlegungen alleine komme ich nicht weiter ... vielleicht darf man ja auf einen Zufall hoffen. Ich weiß, dass es für Lilis eigene Geschichte so wichtig ist, ihre Mutter, ihre Geschwister kennen zu lernen – andererseits bin ich mir unsicher, wie sie das im Augenblick verkraften würde.

Es hat keiner versprochen, dass das Leben immer nur leicht sein wird. Und wie nicht selten, wenn ich mich in der Klemme fühle, nehme ich Zuflucht zu einem der Epigramme von Erich Kästner, den ich sehr verehre:

Sei traurig,
wenn du traurig bist,
und steh nicht stets vor deiner Seele Posten,
den Kopf, der dir ans Herz gewachsen ist,
wird's schon nicht kosten ...

Der Umschlag landet in der kleinen Tasche mit unseren Reisepapieren. Wie gut, dass man sich hinter einem abgegebenen Versprechen verschanzen kann. Den Rest wird man sehen.

Als ich ins Zimmer komme, sitzt Lili – Musik auf den Ohren, wie üblich – wieder einmal über ihrer Kladde, in die sie mit schlampiger Schrift die Summe ihrer Erlebnisse, Eindrücke, Empfindungen hineinschreibt. Später werde ich, mit Lilis höchstselbiger Erlaubnis, dort folgende Auszüge lesen können:

Papa hält sich an sein Versprechen. Ich muss wirklich nichts machen, was ich nicht möchte. Es ist schön, wenn alle so besorgt um einen sind, wenigstens meistens.

Heute sind wir auf dem Rückweg von einem Ausflug in der Nähe von Banago zu einer Anlegestelle für große Schiffe gefahren – sie gehen von hier nach Manila und nach Cagayan de Oro ab, was ganz im Süden liegt, hat mir Josephus erzählt, der oft mit dem Schiff zu einem Projekt dorthin reist. Kurz vor dem Pier, das ganz weit hinaus ins Meer geht, mussten wir durch einen riesigen Slum fahren. Ich kann gar nicht beschreiben, wie das da aussieht. Hunderte von kleinen Hütten, die alle auf riesigen Stelzen stehen, unheimlich schmutzig, dazwischen hängt eine Unmenge Wäsche herum. Das hätte ja noch einigermaßen ausgesehen – aber es war gerade Ebbe. Da die meisten Hütten normalerweise schon ins Wasser gebaut sind, standen sie nun im Schlick und dickem Dreck – ein wirklich unbeschreiblicher Schmutz. Die müssen alles, was sie nicht gebrauchen konnten, ins Wasser geworfen haben. Nun stinkt das ganz erbärmlich, wie auf einer Müllkippe sieht es aus – und Kinder waten durch das bisschen Wasser und suchen nach etwas. Wonach, weiß ich nicht. Ich möchte aber die anderen auch nicht fragen, weil ich sie nicht verletzen mag. Es könnte ja so aussehen, als ob ich eine arrogante Kuh wäre, die sich für was Besseres hält. Bin ich aber nicht, auch wenn es mir gut geht. Und dann lässt der Papa auch noch den Wagen anhalten. Er will sich im Slum umschauen, weil er schon mal hier war. Einen Augenblick denke ich, dass er es meinetwegen tut, damit ich auch mal mitkriege, wie es hier aussieht. Er hat schön öfter gesagt, dass es wenig Sinn macht, wenn ich nicht alle Seiten von Bacolod sehe. Aber als ich nicht aussteigen mag, darf ich doch im Wagen sitzen bleiben – und ich bin deswegen total froh.

Ich möchte gerne verhindern, dass wir hier in Bacolod ausschließlich auf dem Strom des Leichten herumplätschern. Lili aus München-Ellenbogenhausen soll in ihren Ferien zum Ich so viel Spaß und Unbeschwertes haben wie nur möglich. Aber es darf für sie auch nicht die Realität Bacolods ausgespart werden. Sie soll nicht den Eindruck nach Hause tragen, ihr Geburtsort wäre eine Stadt reinweg zum glücklichen Staunen. Zum ungefilterten Erleben gehört hier neben vielem anderen auch die freie Sicht auf Lebensumstände, von denen wir uns mit unseren »seidenen Sorgen« (wie ein jüdischer Freund unseren ewigen Hang zum Stöhnen beklagt) nicht mal ein ungefähres Bild machen können, auf riesige, versiffte Slum-Kraken wie das Elendsviertel Santo Nino, das sich in den letzten 20 Jahren um das 15fache ausgebreitet hat, auf die Armut, die sich jenseits von »Robinson's« durch so viele Straßen frisst, was man als Fremder hinter den großen, gut bewachten Mauern von Santa Clara Subdivision nur zu leicht vergessen kann.

In unsere Tagespläne habe ich auch all dies sehr bewusst zur »Besichtigung« mit eingebracht – diese anderen Bilder, die langen Schatten jenseits von Palmen, Strand und Kokosnüssen müssen zu Lilis Verständnis beitragen, dass ihrer Mutter wohl kaum eine andere Chance blieb, als ihr Baby in Hände wegzugeben, die ihm ein Überleben sichern könnten.

Natürlich herrscht in Lili auch hier vor Ort das ganz normale Verlangen vor, glücklich zu sein, doch sie braucht ebenfalls ein reales Nah-Verhältnis zu ihrer Geburtsstadt. Und sie bekommt es – nach und nach, mal häppchenweise und mal in größeren Dosen:

Die Hunderte von Kindern, die am späten Sonntagvormittag auf den Platz vor der Kathedrale kommen, um die einzige warme Mahlzeit der Woche entgegenzunehmen. Lili: »Hast du gesehen, wie schnell sie das essen – und wir meckern, wenn auf der Pizza mal die Anchovis fehlen!«

Der Junge Jun-Jun, vielleicht 17 Jahre alt, der nach einem schweren Unfall den Rest seines Körpers auf einen selbst gezimmerten Rollwagen gehievt hat und sich zur Fortbewegung mit seinen lederumwickelten Händen vom Straßenpflaster abstößt.

Der Kampf der Menschen vor dem Armenkrankenhaus um ein paar mildtätig verteilte Pesos, mit denen sie gleich gegenüber am Apothekenstand Medizin für ihre Kranken erstehen können.

Das dreckige Flussbett, in dem Dutzende von Frauen knietief im Wasser ihre Wäsche »waschen«, in dem sie nach dem Eintauchen den nassen Stoff hart auf Steine klatschen lassen, die aus der Flut ragen (soll wirklich keiner sagen, dass bei flüchtigem Hinsehen Armut nicht auch faszinierende Bilder produzieren kann).

Ihr ganz besonderes Verhältnis zum Tatsächlichen bekommt Lili aber ausgerechnet an dem Abend, an dem Salvacion Tinsay ihre »Golden Girls« (jene ebenfalls nicht gerade unbetuchten Philippinas, die mit ihr in den Projekten arbeiten) und die Honoratioren der Stadt samt zweier Bischöfe in ihr Haus geladen hat, um für die Gäste aus Germany »Big Party« zu machen. Und es sind die zwei frisch gewonnenen Freundinnen – Rona und Marie Pauline –, die bei all dem Aufheben, das um Lilis Person gemacht wird, dann doch ihre Kompassnadel wieder einmal in die richtige Richtung biegen.

Als sich die beiden hohen Kirchenherren zurückgezogen haben – Bischof Fortich gönnte sich schon während der Mahlzeit ein, zwei Nickerchen gefährlich nahe über der Fischsuppe –, werden Tische und Stühle beiseite geräumt: Tanz, das freie Spiel der Körper. Niemand hat wohl jemals die Jugend im Hause Tinsay so ausgelassen, so aufgedreht gesehen. Hip und Hop. Und selbst Mrs. Aracelia Ramos, die Älteste auf dem Parkett, wiegt ihre bald 80 Jahre noch im Takt. Dann ist es Marie Pauline, die Lili völlig losgelöst um den Hals fällt: »Ich habe in meinem ganzen Leben noch nie so tanzen dürfen«, jubelt die Hübsche für alle hörbar. »Lili, du musst jetzt jeden Tag kommen, hörst du?« Da lässt Lili ruhig mal eine Träne der Rührung über die Wange laufen, um sich dann schnell in einen Spruch zu flüchten. »He, das ist aber auch die beste Party, die ich kenne. Auch in München gibt es lange nicht so was Cooles. Was sagt ihr dazu?«

Die Antwort ist ein einziges zustimmendes Gekreische. Und Josephus in seinem durchgeschwitzten Barong Tagalog, dem bestickten Festtags-Hemd, ruft reichlich aufgelöst auf Deutsch dazwischen: »Jawoll, eine Pizza bitte!« Er macht Fortschritte mit seinen Deutschstunden während der Autofahrten.

Noch später dann am Abend bekomme ich ein »Pausengespräch« zwischen Rona und Lili mit. Wie es auch immer dazu gekommen sein mag – es geht bei den beiden Mädchen um *den* großen Wunsch, den man sich einmal im Leben erfüllen möchte.

Lili: »Ich kann es noch nicht genau sagen. Vielleicht mal was mit Kindern. Und was ist es bei dir, Rona?«

Rona braucht keine lange Bedenkzeit: »Ein kleines

Grundstück, ja, das würde ich mir wünschen.« Sie lebt mit ihrem älteren Bruder auf wenigen Quadratmetern in einem angemieteten Zimmer vor den Toren Bacolods.

»Ein Grundstück?« Lili braucht eine Weile, bis sie das auf die Reihe kriegt. »Was würde das denn kosten?«

Rona hatte es wohl lange schon in ihrem Kopf: »Etwa 20 000 Pesos.«

Lili landet mit ihren Umrechnungskünsten schließlich bei circa 400 Euro.

Ein *Lebenstraum* für nur 400 Euro – ich beobachte, wie Lili einige Zeit braucht, um sich zu fassen.

Später, bei unseren fast allabendlichen Vor-dem-Einschlafen-Gesprächen über die Bettkanten hinweg verrät sie mir dazu ihre Gedanken: »Ich hab gedacht, ich krieg das nicht in meinen Kopf. 400 Euro, das sind nicht mal 800 Mark. Und das ist das Größte, was sich Rona wünscht! Hättest du was dagegen, wenn ich gleich nach den Ferien unten am Kufsteiner Platz im HL-Markt jobben gehe? Ich werd's auch gleich der Mami sagen, wenn ich heimkomme. Ich krieg das Geld bestimmt bis Weihnachten zusammen. Oder spätestens bis Februar oder so.« Lili hat zu diesem Zeitpunkt noch keine Ahnung, wie sehr sich dieser Wunsch, möglichst bald an Geld für Bacolod zu kommen, bei ihr noch verstärken wird …

Jetzt ist sie, wie auf einem Bügelbrett in ihrem Bett liegend, erst einmal wieder bei ihrer quengelnden Bitte angelangt, die sie in diesen Tagen und Nächten in Bacolod des Öfteren ausspricht, bevor (oder während) ihr meist schon fast die Augen zufallen: »Papa, erzähl doch noch mal, wie das damals war…« Ein Satz, den wir von ihr auch häufiger zu Hause hören, wenn sie Schwankungen in ihrer Stimmung auszugleichen hat.

160

Ich weiß nicht, wie oft ich ihr vom allerersten Augenblick erzählt habe, an dem wir ihr, unserer Tochter, begegnet sind – es ist ihre absolute *Lieblingsstelle*. Und wenn ich es ihr nicht genügend ausschmücke oder gar etwas ihr Bekanntes einkürze, dann übernimmt Lili ganz einfach höchstselbst das Erzählregiment – und jeder Satz soll mir auf die Sprünge helfen, noch mehr ins Detail zu gehen, noch ein paar Nuancen hinzuzugeben. Manchmal scheint es mir, dass sie damit umgeht wie mit ihrem Lieblingsfilm *Romeo und Julia*, den sie vielleicht 15- bis 20-mal gesehen hat (und gegebenenfalls selbst rückwärts mitsprechen könnte), den sie sich aber jederzeit wieder völlig fasziniert anschaut, um noch eine Nuance mehr herauszuhören. Und gelegentlich habe ich sie sogar im Verdacht, dass sie heimlich immer noch hofft, der Film würde wenigstens ein *einziges* Mal gut ausgehen …

Heute Abend also wieder unsere erste Begegnung. Und das unter verstärkter Mithilfe von Lili:

»So, und dann seid ihr um die Ecke gekommen, Papa, und habt mich auf dem Arm von Janet gesehen.

Und ich war das süßeste Baby, das du gesehen hast, Papa …

… hübscher als Tom und als Sveni, hast du ja gesagt, der Sveni war ja so fett …

… und dann hat mich die Mami – Mensch, Papa, lass dir doch nicht alles aus der Nase ziehen – … dann hat mich die Mami auf den Arm genommen … und du hast Fotos gemacht … und ihr habt alle geheult, nicht wahr … und ich war dann euer Kind …«

Ja, Lili, du warst, das heißt: du bist unser Kind, was sonst? Und dann lege ich natürlich wieder einmal los, weil man dieser Lili Mondauge nicht gar so leicht etwas abschlagen kann. Ich hole aus bis zu der halbjährigen Reise, die Soldi und ich mit den beiden Jungen, 6 und 3 Jahre alt, gemacht haben: Malaysia, Singapur, Australien, Neuseeland, Indonesien, Hongkong, China, Thailand. Bevor Tom in die Schule kam, wollten wir unsere Familien-Traumreise machen. Und diese schloss auch die Philippinen, vielmehr: Bacolod, mit ein.

Wir hatten unsere »vorläufige Adoptionsbewilligung«, ausgestellt vom Stadtjugendamt München, schon vor Antritt der Reise an die Adresse von Salvacion Tinsay geschickt. »Falls du von der Möglichkeit hörst, ein Baby zu adoptieren.«

Als wir auf der dritten Etappe der Reise nach Melbourne kamen, wurde uns im Hotel Rockman's Regency ein Telefax von Salvi ausgehändigt: »Ein neun Tage altes Baby wartet hier auf euch: Beeilt euch! Love – Eure Salvi.« Helle Aufregung, verdammt feuchte Augen und eine Flasche Champagner (für die Erwachsenen). Wir waren schon dabei, all unsere Reisepläne über den Haufen zu werfen, als das zweite Salvi-Telex eintraf: »Baby wird leider nicht zur Adoption freigegeben. Tut mir sehr Leid, ich bin mit meinen Gedanken bei euch. Eure Salvi.« Niedergeschlagenheit und tröstender Zuspruch – ohne größere Hoffnung, dass wir noch während dieser Reise zum dritten Mal Eltern werden. Doch die gedrückte Stimmung, die uns zuerst ereilte, wurde bald wieder abgelöst von der Faszination unserer Reiseziele. Die eingebaute Verdrängungsmaschinerie funktionierte.

Bis zu unserem Eintreffen am Flughafen Bacolod hörten wir nichts mehr in Sachen Adoption. Salvacion Tinsay und ihr Mann Bert holten uns zwei Monate später im altvertrauten Ankunftsschuppen von Bacolod Airport ab. Ihren

162

Gesichtern war die große Freude über unseren Besuch abzulesen – sonst nichts. Salvi fuhr mit den Jungen und Soldi voraus nach Villa Valderrama. Ich nahm mit Bert Tinsay den zweiten Wagen, um an der Plaza für Salvi noch einen großen Blumenstrauß zu kaufen – er hatte mich eingeweiht, dass sie an diesem Tag Geburtstag feierte.

Und so geschah es, dass ich mein Leben lang unsere Tochter Lilian Marie Josephine fünf Minuten weniger lange kennen werde als meine Frau und meine Söhne. Eine weiß bekittelte Philippina, ein Kindermädchen, kam mit einem schwarzhaarigen Baby in den Armen um die Ecke, als Soldi, Tom und Sveni vor der Tinsay-Villa aus dem Auto stiegen. »So, das ist eure Tochter … und Schwester natürlich.« Salvi hatte sich – ich nehme an: mit diebischer Freude – große Mühe gegeben, ihrer Stimme etwas Beiläufiges beizumischen. Die gleiche Prozedur, als kurz darauf Bert und ich eintrafen.

So, das ist eure Tochter …

Ein Herzschlag-Moment. Unbeschreibbar. Lili, die noch gar nicht so hieß, wanderte von Arm zu Arm – und es war im Hause Tinsay keiner, der die Sturzbäche der Rührung zurückhalten wollte. Mit zwei Ausnahmen vielleicht: Tom und Sveni. Da wir alle uns nur in Englisch verständigen konnten, brauchten sie etwas länger, um zu begreifen, was da im Augenblick um sie herum tatsächlich passierte.

Aber selbst als sie wohl realisieren konnten, dass das Schumann-Quartett nun um ein Mädchen zum Quintett erweitert war, vermochten sie sich nur schwer zu entscheiden, ob nicht vielleicht doch der große Swimmingpool in Salvis Garten die größere Attraktion dieses heißen Tages war.

»Ja, toll, Mami, eine Schwester«, meinte Sveni, »aber können wir jetzt endlich unsere Badehosen auspacken?«

163

He, junger Mann, einen Augenblick dauert es schon noch, schließlich haben wir das Baby erst seit ein paar Minuten.

»Klar, ja«, zeigte sich Sveni generös. Und dann bewies er doch noch ein gehobenes Interesse für seine Schwester. »Glaubst du, dass der Stöpsel da schon schwimmen kann?«

Kinder und die Gnade, noch völlig unverstellt zu sein ...

12. Kapitel

Megaschade, nur noch zwei ganze Tage in Bacolod! Ich weiß, dass es mir unheimlich schwer fallen wird, von hier wieder wegzufliegen. Rona und Josephus werde ich am meisten vermissen, so viel ist sicher. Und Salvi. Und Agnes. Und Jed. Und Sheena, das süße Mädchen von Noel, der die »Welcome Home«-Farm leitet. Ich würde die Kleine, vielleicht ist sie ein halbes Jahr alt, sofort mitnehmen. Aber erstens bin ich dazu noch zu jung, und zweitens machen mir Noel und seine hübsche Frau – beide sind taubstumm – nicht den Eindruck, als wenn sie ihr Mädchen hergeben würden. Das wäre aber auch die Härte!

Ich habe, fällt mir ein, völlig vergessen zu fragen, ob das Baby Sheena auch taubstumm ist – wenn Mutter und Vater nicht sprechen können … Es gibt so vieles, was ich nicht weiß, und was hier doch wichtig ist.

Salvi hat mich schon ein paar Mal gefragt, ob ich später selbst mal ein Kind adoptieren möchte. Ich habe natürlich überhaupt keinen Plan, wie soll ich das auch wissen? Und was für ein Kind sollte ich nehmen? Mami hat mir erzählt, dass sie nie in ein Waisenhaus hätte gehen können, um ein Kind zur Adoption auszusuchen. Sie meinte: Ich kenne mich, dann hätte ich am Ende alle genommen – ich kann

*ja nicht Gott spielen und sagen: He, das dritte Kind da von
links, das gefällt mir, packen Sie es mir ein. Na ja, so ähnlich
hat sie es ausgedrückt. Ich fand das süß von ihr. Sie hat mir
zu verstehen gegeben, dass ich für sie bestimmt war …*

*Manchmal wird mir aber ganz schlecht, wenn ich daran
denke, welchen Zufall es brauchte, damit mein Leben so
ist, wie es jetzt ist.*

*Ein bisschen Schmetterlinge im Bauch habe ich wegen
heute Mittag. Wir fahren raus nach Sum-ag zur Schule – und
irgendwo da in der Ecke ist San Sebastian, wo ich herkomme. Aber wenn es mir nicht gut geht, dann sage ich einfach,
dass ich nicht durch den Ort fahren will. Basta! (Hoffentlich
funktioniert's.)*

Gehe direkt ins Gefängnis, gehe nicht über Los, ziehe keine
4000 Mark ein (oder heißt das jetzt 2000 Euro?). So in etwa
komme ich mir heute Morgen vor. Wir fahren dorthin, wo
Lili ihre Wurzeln hat. Ich habe es auf das Ende unserer
Reise verlegt, damit sich Lili erst einmal mit Bacolod an-
freunden und sich so ein wenig stabilisieren kann.

Was passieren wird? Nichts ist vorhersehbar.

Bei Agnes schleichen sich – wie sie mir sagt – Bilder ein,
dass Lili urplötzlich vor Menschen steht, mit denen sie
mehr verbindet als nur die Ähnlichkeit im Aussehen. Ent-
fernte Verwandte, nähere gar – und keiner merkt es!

»Es ist gut«, sagt Agnes, »dass ihr euren Besuch in der
Sum-ag-Schule nicht angekündigt habt. Es spricht sich
doch so rasend schnell herum, wenn Fremde kommen, zumal Ausländer, Europäer, und dann ist die Neugier groß.
Stell dir mal vor, wenn Lilis Familie durch einen Zufall davon erfährt – und sie steht dann plötzlich vor einem ihrer
Brüder oder einer Schwester.«

166

An diesem Morgen nimmt Agnes ihre Lili zur Begrüßung besonders fest in die Arme. Und lässt einen ganz großen Korb voller reifer Mangos aus der Küche kommen.

Der Frühstückstisch bleibt dennoch eine jubelfreie Zone, Lili verbreitet ihre angekratzte Laune über die ganze Welt. Doch es macht jetzt keinen Sinn, einen Lauschangriff auf ihr Herz zu starten – und Ratschläge, wie sie den Tag am besten in den Griff bekommt, will ich erst recht nicht erteilen. In einer solchen Situation beinhaltet das Wort Ratschläge in jedem Fall auch den Begriff Schläge.

Im Auto verändern sich jedoch Lilis Klimadaten schnell wieder. Rona und Josephus helfen dem Gemüt ihrer Freundin mit kleinen Witzchen aus der Schieflage. Lili lässt sich nur allzu gerne ablenken – bald herrscht in dem Kombi wieder dieses milde Jugendirresein vor, das sich hauptsächlich in Albereien zeigt. Genau das richtige Mittel um die seelischen Weichteile zu schützen. Später wird mir Salvi gestehen, dass sie ihre beiden Mitarbeiter dazu aufgefordert hat, Lili heute besonders gut abzulenken. Ich nehme an, dass dies keiner größeren Überredungskunst bedurfte.

Wenn ich jemals einen Zweifel gehabt habe, zu welchen Zufällen bis hin ins fast kitschig Mystische das Leben fähig ist – nun dürfte auch der Restbestand getilgt sein: Als wir im Kombi mit ratternden Geräuschen die provisorische Brücke über den Fluss bei Sum-ag queren, gleich gegenüber von der großen Reismühle, laufen zwei kleine nackte Jungen in unsere Fahrtrichtung, schwingen sich auf das Brückengeländer, so geschickt, wie sie es wohl Hunderte von Malen getan haben, und springen dann mit lautem Juchzen poüber ins Wasser. Das Ganze spielt sich so schnell ab, dass Lili erst ein Stück hinter der Brücke ihre Englischbrocken zum Kommando zusammengekramt hat:

»Halt, halt! Das *muss* ich fotografieren.«

Und schon ist sie draußen – Rona und Josephus hinterher.

Salvis Blick bedarf keiner Interpretation. Gleich da unterhalb der Brücke wohnt Lilis Mutter, leben alle ihre Geschwister. Ich hatte Salvi und Agnes eingeweiht, weil ich sonst geplatzt wäre, wenn ich niemandem hätte erzählen können, dass Familie Sanz gefunden worden ist. Und nun läuft Lili mit der Kamera im Anschlag auf die Brücke zu, um sich einen Schnappschuss zu sichern. Die nächsten nackten Kinder kommen schon um die Ecke, um aus gut sieben, acht Metern eine – wie Lili es ausdrücken würde – »Arschbombe« in die Fluten zu vollführen.

Salvis Stimme flattert ein wenig: »Meinst du nicht, dass es jetzt Zeit wäre für ein paar ehrliche Momente mit Lili?«

Es ist mir leider nicht möglich, das, was sie sagt, zu überhören. Und erst recht unmöglich, ihr insgeheim nicht zuzustimmen. Aber das Versprechen …

Doch sie lässt mich gar nicht erst zu Wort kommen: »Ich hoffe einfach nur, dir eine Hilfe sein zu können, wenn du es brauchst.«

»Ich weiß.«

Besonders heiter kommen die drei zurück zum Auto: »Ihr macht euch keine Vorstellung, was das für ein Drecksloch ist, in das die reinspringen«, sagt Lili unter mittelschwerem Schaudern. »Aber 'ne saubere Landung haben die drauf.« Lili steckt die Kamera zurück in ihre Tasche. »Ich habe nur noch zwei Bilder drauf. Am Mittag muss ich mir noch schnell einen Film besorgen.«

Weiter geht die Fahrt. Von den Häusern drumherum – nun, eher Bretterbuden, die den Beginn eines sich über das ganze Gebiet ausfernden Slums kennzeichnen –, von diesen grauen Hütten nimmt Lili keine Notiz. Nach sechs Tagen in Bacolod ist das schlicht als gewohntes Bild abgehakt.

Und noch kann nichts Lilis ruhigen Gedankenfluss stören.

»Ist es weit bis zur Schule?«, fragt sie mit leicht quengeligem Unterton, »es ist heute so krass heiß. Warum müssen wir da überhaupt hin, Papa? Nur weil du dein Programm einhalten willst, typisch!«

Heute scheint die Gerechtigkeit nicht gerade ihren besten Tag zu haben.

Die »Sum-ag Vocational High School« liegt abseits der großen Straße neben einem Ausbildungszentrum für Marinekadetten. Der Weg bis zum Schultor ist ungepflastert und dementsprechend holprig, kleine Grasbüschel wachsen aus dem Sand. Doch der Blick auf das Schulgelände entschädigt: hohe Palmen mit üppigen Kokosnüssen, ein für diese Ecke der philippinischen Inselwelt verblüffend gepflegter Garten, große Palmwedel-Unterstände, die mit ihrem Schatten in den Pausen vor der sengenden Sonne schützen.

Die Sum-ag-Schule, zwei längst miteinander verbundene, zweckdienlich konzipierte Gebäude aus Stein, ist vor beinahe 40 Jahren von der deutschen Benediktiner-Schwester Irmengardis Kuhn aus Kempten im Allgäu initiiert und über Jahrzehnte geleitet worden. Mehr als 330 Mädchen bekommen hier nach der Grundschule kostenlos eine »höhere« Bildung und Ausbildung, lernen Kochen, Schneidern, Gärtnern. Da alle Mädchen, zwischen 12 und 15 Jahre alt, aus sozial äußerst schwachen Familien kommen, ist Sr. Irmengardis – wie hier jeder diesen hünenhaften Engel nur nennt – zeit ihres Lebens für dieses Projekt betteln gegangen. Das größte Echo hatte sie dabei von ihren Landsleuten im fernen Deutschland bekommen.

Schwester Irmengardis ist seit mehr als zehn Jahren tot. Die Lehrerin Suzette Santander übernahm die Leitung der Schule.

Sie hat nicht damit gerechnet, dass wir plötzlich an ihrem Schultor auftauchen. Dass die Überraschung positiv ist, drückt sich bei ihr in salzigen Sturzbächen aus, die ihr über das Gesicht laufen und nicht mehr versiegen mögen. Wir wissen noch nicht, dass es an diesem Tag nur eine »Heulerei« unter vielen sein wird.

Besonders Lili, die bei allen äußeren Aufregungen schnell ihre Liebe zur Stille entdeckt, wird von Mrs. Santander kaum wieder losgelassen: »My goodness«, den Begriff, die erste Silbe gedehnt gesprochen, hat sie von Sr. Irmangardis übernommen, »she is such a sweet girl.« Und wieder drohen ihre kräftig liebevoll umfangenden Oberarme bei Lili einen blauen Fleck zu erzeugen: »Imagine, so sweet!«

Vorsichtig öffnen sich die Türen der einzelnen Klassenräume, und die ersten Mädchenköpfe werden sichtbar, nach und nach auch die blau-weißen Schuluniformen, bald wogt ein unübersichtliches Meer an Blau und Weiß auf dem langen Flur. Eine wunderbare Gelegenheit, die Schulstunde abzukürzen! Warum sollte das auf den Philippinen anders sein?

Lili greift nach der Hand von Rona, um sich in ihrer ersten Überraschung und Verlegenheit etwas sicherer fühlen zu können. »Das sind ja Tausende«, ruft Lili in schönster Übertreibung auf Deutsch aus. Und weil das keiner außer mir versteht und somit eine erlösende Reaktion ausbleibt, taucht Lili vorsichtshalber gleich auch noch hinter Josephus' breitem Rücken ab.

170

Mrs. Santander weiß, wie sie dem Durcheinander ein Ende bereiten kann – sie verkündet einfach das frühere Eintreten der großen Pause. Philippinischer Pragmatismus.

Draußen, im Palmenhain, verliert Lili trotz des sie weiter umringenden Mädchen-Schwarms bald ihren Tunnelblick. Englischbrocken fliegen von hüben nach drüben, ein vorsintflutlicher Fotoapparat für Erinnerungsfotos wird herbeigeschafft, mit jeder erst scheu und dann stets fordernder gestellten Frage taut Lili unter den vor der brennenden Sonne schützenden Palmblättern mehr und mehr auf. O ja, einen Freund habe sie (Interesse Nr. 1 auch hier) – doch als die grinsenden Mädchengesichter in Josephus' Richtung deuten, stoppt Lili mit nicht geringer Verlegenheit (und auch einem doch leicht wahrnehmbaren Hauch von Freude) das giggelnde Getue: »No, no, no, my boyfriend is …« Den Satz, die Geschichte kann sie inzwischen auch auf Englisch perfekt herunterschnurren.

Ein Fotomotiv im Umfeld der Sum-ag-Schule schwebt mir schon seit längerem vor: Mrs. Santander und Lili am Eingangstor – kein Zoom, damit man noch gut den Schriftzug lesen kann: »Holy Infant Vocational High School.«

Lili schätzt meine Fotografiererei ähnlich wie der Teufel das Weihwasser. »Och, ich mag nicht mehr. Blöde Knipserei!« Dieses Meckern bis hin zur Verweigerung begleitet uns überallhin. Doch Mrs. Santander nimmt sie einfach glücklich an die Hand und schleppt sie auf den richtigen Punkt.

Lili gibt das Bild einer lächelnden Katastrophe ab.

»Warum muss das dann hier draußen sein? Ich bin schon völlig durchgeschwitzt.«

»Bin gleich fertig. Sekunde noch.«

»Ich bin *jetzt* schon fertig, ich geh wieder rein.«

»*Nein, Moment!* Du wirst doch noch 'ne Sekunde haben, Fräulein.«

»Aber warum muss das denn *hier* sein, bei der blöden Hitze? Ich check das nicht.«

»Weil …«

»*Weil was?*«, äfft Lili mich nach. Sie mag es nicht, wenn man sie mit ihren eigenen Waffen schlägt. Sie ist kurz davor, ordentlich schlechte Laune zu verbreiten.

»Weil es genau hier war, wo dich deine Mutter an Mrs. Santander übergeben hat.«

Über 2,5 Milliarden Mal schlägt das Herz im Leben eines Menschen. Lili sieht im Augenblick aus, als hätten alle ihre Funktionen spontan ausgesetzt. Sie steht da wie lahm gelegt – mit offenem Mund und großen Augen, die sich dann, einzige Regung, mit Tränen füllen.

Suzette Santander, die nichts versteht, und ich führen die versteifte Lili in den Schatten unter dem Schulvordach. Sie braucht noch einige Augenblicke des Innehaltens, doch dann dreht sie auf.

»Du hast mir ja gar nicht gesagt …«

Doch, klar habe ich ihr gesagt, dass sie in der Sum-ag-Schule abgegeben (was für ein Wort) wurde. Ungezählte Male haben wir darüber gesprochen. Was kann ich dafür, wenn sie es in den Hinterkopf verschoben hat? Und ich höre mir jetzt zu, wie ich ihr dies auch sage. Behutsam.

»Du lässt mich nicht ausreden«, beschwert sich Lili jedoch, »du hast mir nur gesagt, dass Mrs. Santander *dabei* war. Du hast immer von einer Nonne gesprochen! Stimmt's?«

»Es waren eine Nonne *und* Mrs. Santander. Entschuldige …«

»Und genau da vorne …?« Ihr rechter Zeigefinger weist

auf das sonnenüberflutete, leicht rötliche Stückchen Erde neben der Eingangssäule.

»Ich kann das nicht auf den Zentimeter genau sagen, ich war schließlich nicht dabei. Ja, aber es war da vorne. Das hat mir Schwester Irmengardis erzählt. Du kannst ja Mrs. Santander selbst fragen.«

Lili fragt nicht. Sie sieht jetzt wohl alles wie unter einem Brennglas. Mrs. Santander legt ihre Linke auf Lilis Schulter, auch wenn sie kein einziges Wort verstanden hat von dem, worüber wir gesprochen haben. Ich mache das Gleiche rechts – hilfloser Flankenschutz. So, als ob wir uns nun synchron des Lieblingssatzes von Schwester Irmengardis Kuhn erinnern würden: »Nur wer richtig berührt, kann begreifen.«

Und dann sagt Lili wie aus der Hüfte heraus geschossen: *»Ich will jetzt das Haus meiner Familie sehen.«*

Sie will *was*?

»Ja, ich will das Haus sehen. Und vielleicht wohnt da noch jemand, der mich kennt. Ich will, dass du dann mit den Leuten sprichst.«

Lili hat wieder auf Englisch umgeschaltet.

Es gibt keine andere Möglichkeit. Was außer der Wahrheit soll ich nun sagen? Die Lawine, die losgetreten ist, wird immer größer. Und momentan habe ich das hässliche Gefühl, dass sie uns überrollen wird. Ich muss mich jetzt ihr gegenüber an die Wahrheit machen – schleunigst.

»Lili, in dem Haus, in dem du als Baby warst, wohnt niemand mehr aus deiner Familie.«

»Woher willst du denn das wissen?«

Die Situation erzwingt die Ehrlichkeit. Das Taktieren ist vorbei, es bleibt mir keine Zeit, die Truppen neu zu ordnen. Lilis Blick schleicht dicht um mich herum.

»Weil ich weiß, wo deine Familie jetzt ist.«

Nun, da Lili keine Gefühlskontrolle mehr hat, reagiert sie wie viele – sie wird ganz ruhig.

»Woher weißt du das?«

»Ich habe es recherchieren lassen.«

»Und warum hast du mir nichts gesagt?«

»Weil ich mein Versprechen nicht brechen wollte. Du erinnerst dich, du hast es so gewollt.« Es ist mir klar, wie das jetzt klingt. Aber man kann sich seine Sätze nicht immer aussuchen. Irgendwie ist mir auch klar, dass ich die Situation forciert habe.

»*Dann möchte ich auch noch meine Familie sehen!*«

Lili hat in ihren Sätzen noch nie einen Hang zum Melodram zu erkennen gegeben. Sogar jetzt nicht, da es sich wohl um den schwierigsten Entschluss in ihrem bisherigen Leben handelt.

»Aber zuerst will ich zum Haus!«

Wie heißt Papas Spruch immer: Wie krieg ich das bloß in meinen Kopf? Fast zwei Tage habe ich nichts mehr in mein Buch schreiben können, weil ich so krass durcheinander war. Ist ja auch kein Wunder – wem passiert das schon, dass er nach so vielen Jahren auf einmal seine ganze Familie sehen soll. Aber da geht's schon los: meine ganze Familie … das stimmt ja eigentlich gar nicht. Bis heute war das ja nur meine Familie in München. Die anderen, meine frühere Familie, hatte ich ja nur in meinem Kopf, irgendwie und irgendwo. Ich weiß auch nicht, wie ich das so genau beschreiben soll. Manchmal hatte ich mir schon ausgemalt, wie sie aussehen: klein wie ich, meine Mutter aber ganz schlank, weil ich das am liebsten mag (ich bin selber mit meiner Figur auch nicht immer zufrieden), alle ganz braun, wie ich im Sommer. Meine Mama sagt immer: Wenn jemand im Radio davon spricht, dass heute die Sonne scheinen wird, dann bist du schon wieder um zwei Töne brauner. Das höre ich natürlich gerne, denn ich möchte nie so weiß sein, wie manche es sind. Besonders nicht im Sommer. Meine Mama kann sich nie stundenlang in die Sonne setzen, weil sie dann Kopfschmerzen bekommt. Deswegen wird sie nie so eine Farbe haben wie ich. Macht aber nichts, sie sieht auch so gut aus.

Überhaupt: Was meine Mama in München jetzt wohl denken muss? Dass sie nicht mitfliegen konnte, ist mehr als traurig. Wie ich sie kenne, macht sie sich ungeheuer viel Gedanken. Das war immer so. Aber jetzt wäre sie sicher tierisch gerne bei mir, und ich habe schon zweimal mit ihr telefoniert, obwohl das von hier sauteuer ist. (Papa zahlt! Er hat gestern schon gelästert, dass er wohl eine zweite Hypothek auf unser Haus aufnehmen muss, wenn ich weiter so telefoniere. Aber ich habe ganz genau gesehen, dass er es nicht ernst gemeint hat.)

Mir ist schon lange aufgefallen, dass ich zu meiner Mama nie was anderes gesagt habe als Mami oder Mama. Wahrscheinlich kommt das von Mami selbst, weil sie immer von meiner Mutter gesprochen hat, wenn ich sie über die Philippinen ausgefragt habe. Das muss ich dann so übernommen haben.

Mama – Mutter ...

Verdammt, es ist wirklich schon alles ein sehr großes Durcheinander. Und in diesen Tagen ist es noch viel schlimmer geworden, obwohl ich gar nicht will, dass so viel Wirbel ist ...

Jetzt weiß ich, wie bloßgelegtes Menschsein aussehen kann: wie Lili.

Wir fahren durch San Sebastian – ungeteerte Straßen, ein Gewimmel von nach Nahrung streunenden Hunden und Katzen, kleine, schwarze Schweine, die sich vor Radfahrern in Sicherheit bringen, links und rechts der Wege niedrige graue, von Wellblechdächern bedeckte Steinhäuser, die wie Garagen mit Fenstern aussehen. Das Ganze exotisch dekoriert mit üppigen Hibiskusbüschen, die wie ein Wasserfall über die Zäune hängen, und olivgrünen Banyan Trees, deren bizarr verzweigte Äste immer so anmuten, als sollten sie alles Unheil dieser Welt fern halten. Nicht die unterste Stufe, auf der man hier leben kann, dennoch: Was für ein Kontrast zu der Jalandoni-Villa, in die Lili nach Stunden in der eher harten Wirklichkeit Bacolods stets wie ins Paradies zurückkehrt. Ich muss noch mehr aufpassen, dass sie hier nicht zum menschlichen Versuchstier wird – wovor wir schon vor Antritt dieser Reise die meiste Angst hatten, weil dies ihr Seelenleben am stärksten angreifen könnte. Doch nun ist sowieso nichts mehr aufzuhalten. Das Gedachte, die Vorstellungen werden für sie zur Wirklichkeit, die realen Bilder entfalten ihre eigene Kraft.

Wir halten auf der gegenüberliegenden Straßenseite vor dem Haus, das die uns begleitende Mrs. Santander, noch nicht ganz vom Tränenstrom getrocknet, als das vormalige Heim der Familie Sanz identifiziert. Glatt-grau wie alle anderen niedrigen Bauten in der winzigen, sehr lehmigen Straße, die keinen Namen trägt und keine Farben, ein kleiner Holzanbau für Haustiere, wenige dürre Pflanzen in nachlässig angelegten Beeten. Das Augenfälligste: ein großer Zaun, der das Grundstück rundum schützen soll. Wenn allerdings jemand gegen den Maschendraht husten würde, er müsste

»Papa, bitte nicht in den Arm nehmen – wir sind auf den Philippinen!«

Suzette Santander: »Hier haben wir dich bekommen, Lili« – erst ein Foto, dann die Tränen

Suzette Santander
wartet vor Lilis
Geburtshaus –
doch Lili
kommt nicht

Ein großes Herz und viele Kinder – Salvi Tinsay und ihre Sprösslinge vom
Bethlehem Receiving Home

Die scheinbare Idylle am Fluss: die Hütte der Familie Sanz

So werden bei uns Pfannkuchen gemacht – Lili lernt Josephus an

Und so isst man bei uns Zuckerrohr – Josephus lernt Lili an

Die besten Shopping-Partner: Agnes Jalandoni und Lili

Punta Tay-Tay – jetzt endlich weiß Lili, wie sich der philippinische Sand unter den Füßen anfühlt

Der Slum Santo Nino – Armut und Elend auf Stelzen

Ein glücklich
erschöpfender
Besuch in der
Hütte der
Familie Sanz –
Lili und
vier ihrer
Geschwister

Die glücklichen
Minuten der
ersten Umarmung:
Lili mit ihrer
Mutter und ihren
Geschwistern

Mutter und Tochter – das Bild einer Wiedervereinigung, ein Lachen
unter Tränen

wohl gleich nachgeben. Eher ein wenig einladendes Stück Unterkunft mit Vorgarten.

Und dennoch schaue ich hin, als gelte es, zum ersten Mal das Taj Mahal in sich aufzunehmen: Hier hat deine Tochter den ersten Monat ihres Lebens verbracht. Zumindest die ersten paar Tage. Ein fremdes, flatterndes Gefühl.

Ein Blick zur Rückbank auf Lili, die ich ganz bewusst auf dieser Fahrt nicht unter meine ständige Beobachtung gestellt habe, sagt sofort, dass sie jetzt an zwei Enden brennt. Und der Beweis folgt auf dem Fuß: *»Nein, ich steig jetzt nicht aus ...«* Sie guckt wie in Trance geradeaus. Ich weiß nicht, wie viel sie schon von dem Haus zur Kenntnis genommen hat. Dann lässt sie ein ungehemmtes Weinen zu. Diese Tränen schneiden in alle Wurzeln.

Ich schicke die anderen aus dem Wagen. Sie gehen mit gesenkten Köpfen, jeder von ihnen würde jetzt viel lieber die schluchzende Lili Mondauge in die Arme nehmen und ihr den ganzen Kummer wegtrösten. Salvi sieht aus, als wenn sie den Chauffeur am liebsten Gas geben lassen würde.

Ich strecke den Arm aus und erwarte nicht, dass sich Lili fallen lässt. Aber sie spürt jetzt genau, wie sehr sie an einer Gabelung ihres jungen Lebens steht, und nimmt alles an, was sie nur kriegen kann. Ihr Kopf schiebt sich langsam zu meiner Schulter hoch.

»Wollen wir nicht kurz rübergehen? Du musst ja nicht *ins* Haus. Es ist auch bestimmt niemand da, der dich kennt.«

»Nein, ich mag nicht.«

»Aber nun bist du mal hier, und vielleicht reut es dich später, dir nicht wenigstens das Haus eingeprägt zu haben. Spätestens in München – und ich würde gerne verhindern, dass du es bedauerst.«

»Ich habe es gesehen, das Haus. Da drüben ist es. Mehr will ich von dem Haus nicht.«

»Und willst du wirklich nicht näher rangehen? Ich meine, du *musst* nicht.«

»Gehst du denn mit mir mit?«

»Aber natürlich.«

»Nur wir beide?«

»Klar.«

Ich verlasse den VW-Kombi, um die anderen herbeizuwinken. Als Lili an ihnen vorbeigeht, nehmen Rona und Salvi die Gelegenheit wahr, Lili einmal kurz zu drücken. Josephus versucht sich noch in einer christlich gefärbten Bemerkung, zieht aber mitten im Satz zurück, als er sieht, wie Lili mit den Tränen zu kämpfen hat.

Wir überqueren die Straße. Mrs. Santander ist am Zaun stehen geblieben. »Es ist niemand da«, ruft sie Lili beruhigend entgegen.

Nur kurz hebt Lili die schweren Augenlider, viel zu kurz, um sich durch den dichten Tränenschleier etwas einzuprägen. Dann macht sie kehrt und läuft zurück über die Straße zum Auto.

Als ich sie eingeholt habe, sagt sie: »*Ich will jetzt meine Familie sehen. Jetzt gleich.*«

Ich habe den Satz und seine Bedeutung noch nicht ganz in mir aufgenommen. Und ich hätte ihn von ihr auch angesichts der Entwicklung dieses Tages nicht erwartet. Vielleicht, nein, bestimmt hatte ich ihn mir erhofft, seit wir diese Reise angetreten haben – nun ist er ausgesprochen, und er verschafft nur eine Schrecksekunde.

Im Wagen sprechen Lili und ich miteinander Deutsch. Es ist jetzt nicht der Augenblick, daran zu denken, den anderen gegenüber höflicher zu sein. Diese wissen das und schauen so angestrengt aus den Fenstern, als ob sie die Philippinen neu entdecken müssten.

»Lililein, ich finde, dass du dir für so einen Entschluss ein bisschen mehr Zeit geben solltest. Wir sind auch morgen noch hier. Du kannst es dir also wirklich überlegen.«

»Nein, ich will zu meinen Geschwistern und zu meiner Mutter. Ich will hin. Wo ist das?«

Klingt ultimativ wie gewohnt bei Lili. Und wenn sie ihren Willen auspackt, dann passt kein Blatt Papier zwischen Können und Muss. Außerdem glaube ich immer mehr, dass ihr eigener, wenn auch fragiler Entschluss ihr die Möglichkeit eröffnet, ihrer Vorstellung und Phantasie endlich ein endgültiges Gesicht zu geben.

»Du erinnerst dich an die Brücke, wo ihr vorhin ausgestiegen seid? Es ist da ganz in der Nähe. Aber lass uns vernünftig sein, damit es für dich nicht zu viel auf einmal ist. Ich mache dir einen Vorschlag: Wir fahren jetzt zum Strand, nach Punta Tay-Tay, Lililein, das sind höchstens zehn Minuten. Da kannst du dir ganz in Ruhe überlegen, ob du sofort hingehen möchtest oder vielleicht erst morgen, wenn du dich ein wenig beruhigt hast.«

»Ich will mich doch gar nicht beruhigen«, sagt sie leise und sehr ernst. »Ich will es heute schaffen.«

»Punta Tay-Tay?«, dränge ich.

»Okay … aber ich darf alleine gehen … am Strand, meine ich.«

»Sicher. Du gehst alleine, und ich warte.«

Solange ich mich erinnern kann, hat die erwachsener gewordene Lili jegliche Berührung, jede Umarmung mit mir vermieden, sobald andere, fremde Menschen zugegen waren. Jetzt lässt sie meine Hand nicht los, bis wir neben den Strandhütten von Punta Tay-Tay parken.

Und dann beginnt ihr einsamer Spaziergang nach der verlorenen Zeit. Sie wird mit absoluter Sicherheit eine Entscheidung treffen müssen. Und kein Mensch kann ihr dabei helfen.

13. Kapitel

Ich will da jetzt hin, habe ich mir ganz fest gesagt. Da? Ich weiß noch nicht mal, wie das heißt.

Gehört es noch zu Sum-ag? Ist doch egal, ist doch nur ein Name.

Jetzt bin ich schon so viele Tage hier, und es ist sicher besser, wenn ich nicht abfliege, ohne den Versuch gemacht zu haben, meine Familie zu sehen. Ich kann nicht sagen, dass ich davor keine Angst habe, aber ich bin immer durch alles durchgekommen und habe mich später stärker gefühlt. Nur – jetzt da einfach reinschneien und sagen: Da bin ich? Ich weiß nicht. (Schneien ist gut, bei der Mörderhitze.)

Ich wünschte, ich hätte jetzt die beiden kleinen weißen Elefantinos bei mir, die mir David mitgegeben hat.

Es ist komisch, woran man denkt, wenn etwas Wichtiges mit einem passiert. Wie damals, als ich vor das Auto gelaufen bin. Da lag ich dann im Krankenwagen und habe gedacht, dass ich ein ganzes Wochenende herschenken muss, auf das ich mich so gefreut hatte. Dabei ist mir das Blut nur so aus dem Mund runtergelaufen, und Mami saß neben mir auf der Bahre und hat gezittert.

Ich könnte heulen, wenn ich denke, dass die Mami jetzt nicht da ist. Sie weiß immer schneller, was zu machen ist.

Der Papa tut ganz cool, aber er braucht immer eine Zeit, bis er weiß, was er tun will. Die Mami ist so praktisch – und eigentlich habe ich das von ihr.

Papa steht nun schon irre lange da am Strand und wartet darauf, dass ich zurückkomme. Es ist gut, dass er schon am Anfang in Bacolod seinen Sonnenbrand hatte, sonst könnte er heute Nacht gar nicht schlafen.

Ich bin mal gespannt, ob ich heute Nacht schlafen kann.

Ist natürlich ziemlich blöd gedacht, weil ich jetzt feige bin und mir nicht vorstellen mag, was meine Mutter denken wird, wenn ich da so plötzlich ankomme. Aber ich werde es tun.

Hoffentlich verbock ich es nicht. Aber vielleicht freue ich mich ja in ein paar Stunden, dass ich es getan habe. Wir dürfen auch nicht so spät hingehen, weil ich heute Abend für alle meine Freunde Pfannkuchen machen will. Und einkaufen gehen müssen wir auch noch. Hoffentlich haben die bei »Lopuez« auch das richtige Mehl!

Mir ist irgendwie total schlecht … richtig b-mäßig.

Wie sie so auf mich zukommt, ist klar, wofür sie sich entschieden hat. Noch bevor Lili Mondauge sich erklärt, spricht ihr Körper.

Lili muss ihren Fahrplan selber festlegen. »Wir fahren jetzt zur Brücke, okay? Vielleicht kann dann jemand meiner Familie Bescheid sagen. Wenn es für sie in Ordnung ist, komme ich.«

Sie will eindeutig ihr Wollen spüren lassen. Über das Können ist sie sich noch nicht so im Klaren. Wie denn auch.

Keiner sagt etwas, als wir zum Auto zurückkehren. Sie müssen gar gekocht sein in dieser Büchse ohne Klimaan-

182

lage. Nur Josephus hat die ganze Zeit abseits im Freien verbracht. Wohl auf dem Sprung, wenn Lili seinen Beistand braucht, im äußersten Notfall.

»Wir fahren zur Brücke.« Das genügt.

Salvi jetzt ins Gesicht zu sehen – wer behaupten würde, es gehe ihr schlecht, den könnte man wohl einen Aufschneider nennen. Ich habe Salvis Gesicht nie so grau gesehen. Seit Lili als Baby acht Monate unter ihrem Dach lebte, ist sie auch – »weißt du, so ein bisschen« – ihr Kind. (Agnes meinte nur: »Sind das wirklich nicht ein bisschen viel Mütter?«)

Was mir alles durch den Kopf gegangen ist? Wie krieg ich das bloß jetzt alles noch zusammen? Es waren so viele Fragen.

Wie alt wird meine Mutter sein? Ich weiß ja noch nicht mal das. Nicht mal, wann sie Geburtstag hat oder ob sie mal krank war. Ob meine Geschwister zu Hause sind? Sie müssen ja alle älter sein als ich. Ob einige von ihnen schon Kinder haben? Hoffentlich leben die nicht so schlimm in Armut. Davor habe ich schon Schiss.

Ich weiß gar nicht mehr, wie es um die Reismühle da an der Brücke ausgesehen hat, nur, dass das Wasser vom Fluss so saudreckig war. Aber ich kann mich ja nicht einfach davonmachen, wenn sie in keinem schönen Haus wohnen.

Möchte ich wirklich gehen? Ich weiß es nicht. Ich weiß nur, dass ich hinterher ganz unglücklich bin, wenn ich es jetzt nicht tue. Die Scheißangst muss ich eben in den Griff kriegen. Es ist komisch, ich habe die ganze Zeit aus dem Autofenster geschaut und nichts gesehen, gar nichts …

Kurz vor unserem Ziel müssen wir doch ein paar Einzelheiten besprechen. Mrs. Santander und Josephus werden vorausgehen und, falls jemand von der Familie Sanz da ist, vorwarnen (sofern man das unter diesem Zeitdruck noch so nennen kann). Ich bin mir im Klaren, dass unser Verhalten, einfach so wie die Elefanten in den Porzellanladen zu gehen – Seht her, das ist die Lili, die ist eure Tochter/Schwester/Nichte/Tante –, unterste Schublade ist. Aber wie sollten wir es anders machen?

Man kann sich gut einreden, das Heft des Handelns nicht in den Händen gehalten zu haben, es hängen ja weiß Gott ein paar Menschen mehr dran als man selbst mit seinen Gefühligkeiten.

Wir halten kurz vor der Brücke neben einem Sari Sari Store, einem philippinischen Kiosk, mit reihenweisen Flaschen signalrot gefärbter Limonade, Zigaretten, die man stückweise kaufen kann, und scharf gewürzten Chips, die uns Langnasen die Hose durchbrennen.

Der Sari Sari ist die Nachrichtenbörse eines jeden Slums – ein taktischer Fehler, dass wir ausgerechnet hier parken. Es dauert nur Minuten, und die Neugierigsten und auf Abwechslung Wartenden versammeln sich um unser Auto. Fremde machen hier wohl sonst nie Station – warum auch?

Suzette Santander und Josephus sind losgegangen, sie balancieren schon über einen schmalen Steg, der rechts neben dem Brückengeländer die einzige Verbindung ins verwirrende Innere dieses Slums ist. Es ist ihnen noch von weitem deutlich anzumerken, dass die beiden von einer nicht unbeträchtlichen Portion Unwohlsein begleitet werden.

Salvi sagt: »Ich steige nicht aus. Auch nachher nicht. Ich kann das nicht. Seid ihr mir böse?«

Lili hält sich an Rona fest.

Alle haben mich angeschaut, als wenn ich ihnen in den Ma-gen geboxt hätte. Sie sind so lieb und haben mir so schöne Tage gemacht – aber ob sie jetzt verstehen, dass ich nun gar nicht anders kann? Die Salvi hat bestimmt ganz kalte Hände, das sieht man sogar.

Ich kann es auch nicht ändern, dass ich zwischendurch immer mal ein bisschen heulen muss, auch wenn ich es hasse. Tropfliesel!

Und ein Klo hat es hier auch nicht …

Ich habe den Innenspiegel des Wagens so eingerichtet, dass ich Lili ständig im Auge behalte. Mir ist vorher nie aufgefallen, wie blass sie unter all ihrer braunen Haut aussehen kann, die ihr das Leben gnädig gegeben hat.

Völlig verschlungene Gedanken geistern mir durch den Kopf. Merkwürdig, dass mir das jetzt in den Sinn kommt, aber so diffus habe ich mich das letzte Mal gefühlt, als unsere Söhne geboren wurden und ich im Kreißsaal nichts ausrichten konnte, rein gar nichts. Wie ein nutzloser Depp stand ich da rum und habe daran gearbeitet, nicht umzukippen.

Wie viel Zeit ist vergangen? Ich habe keinen blassen Schimmer. Hinten neben dem Brückenbogen taucht Josephus auf und winkt heftig. Kein Zweifel, es ist das Signal: Wir sollen kommen.

Lili setzt sich sofort in Bewegung, rennt los, Rona dicht auf ihren Fersen. So, als hätten sie gespürt, worum es geht, machen die Menschen rund ums Auto sofort eine Gasse frei.

Als ich mich auch endlich auf dem Steg neben dem Brückengeländer befinde, sind die beiden Mädchen schon um einiges voraus. Ich werde sie auch nicht mehr einholen, denn als geländegängig kann man mich nicht gerade bezeichnen. Es kostet mich einige Mühe, jetzt nicht daran zu denken, was passiert, wenn ich vom schmalen Holz abrutsche und in der Flussjauche da unten lande.

Hatte ich mir vorgestellt, dass Lili und ich zusammen gehen, sozusagen Hand in Hand? Ich habe zu solchen »Niederlagen« noch nie eine Beziehung gehabt. Aber in diesem Augenblick weiß ich nicht genau, gegen wen sich meine Eifersucht richten soll.

Warum fragst du, was ich gedacht habe, als ich so losgelaufen bin, Papa? Du kannst dir doch vorstellen, dass ich nichts mitgekriegt habe, bei all dem Wirbel.

Doch: Ich habe irgendwie noch gecheckt, dass ganz viele Leute in diesem Purok zusammengelaufen sind. Und dann hab ich auch gedacht: Hoffentlich fällt der Papa nicht in die stinkende Kloake, er stellt sich manchmal so ungeschickt an.

Und dann habe ich noch gedacht: Ich will da jetzt hin ... die Angst und ich ... Und aufs Klo musste ich auch immer noch ganz arg ...

Das Labyrinth des Purok Providence, wie diese »squatter area« offiziell heißt, scheint gar nicht mehr aufzuhören. In den von Bambuszäunen abgegrenzten Gassen aus Holzplanken, über die ich gehe, treffe ich auf viele Einwohner, die bei meinem Anblick gleich erschrocken in ihre Hütten zurückeilen. Später, viel später muss ich daran denken: So wird es wohl sein, wenn im spanischen Pamplona an einem besonderen Tag des Jahres die Stiere auf die Menschheit losgelassen werden.

Es ist Josephus – klar! –, der dafür sorgt, dass ich hier

zwischen niedrigen Wellblech-Dächern und Wäscheleinen-Gewirr und all dem exotischen Drumherum nicht verloren gehe. Er dirigiert mich aus einiger Entfernung und hält irgendwie Kontakt zu Lili weiter vorn.

Das letzte Hindernis scheint unüberwindbar: ein windiger Holztritt, der einen morastigen Kanal überbrücken helfen soll, einfach zehn, zwölf Querlatten, kaum breiter und vertrauenswürdiger als Holzscheite. Eine helfende Hand streckt sich mir entgegen, wird dankbar angenommen. Ich werde erst später herausfinden, dass die Hand zu Lilis Halbbruder Rolli gehört.

Noch einmal eine unübersehbare, kaum zu durchdringende Menschenmenge vor einer Hütte aus meterhohen ausgebleichten Bambusstäben – mein Gott, spricht sich das hier schnell herum! Einen Augenblick sehe ich ein Stück vom pinkfarbenen T-Shirt meiner Tochter, in fester Umklammerung von jemandem, den ich noch nicht zu identifizieren weiß.

Wo beginnen wessen Arme ... welche Beine gehören zu wem ... welcher Aufschrei kommt aus wessen Mund? Ein Fleisch gewordenes Tohuwabohu.

Erst als ich der stämmigen jungen Frau ins Gesicht sehen kann, ist es klar. Mir sind die Züge so vertraut wie sonst was. Es *muss* sich um eine von Lilis Schwestern handeln.

Meine Tochter ist bei ihren Wurzeln angekommen! Auf einem 16 Jahre dauernden Umweg zu sich selbst! Mir wird plötzlich bewusst, dass wir nun ein Stückchen von ihr hergeben müssen – aber es wird einem gleichzeitig klar: Es hat uns nie gehört.

14. Kapitel

Ich sehe Lili erst in der Hütte wieder – nachdem ich mich an das schummrige Licht gewöhnt habe, das in langen Streifen von draußen zwischen den Bambusstöcken der »Wände« einfällt. Sie sitzt mit dick verheulten Augen auf einer Holzbank. Daneben – oder besser: drum herum – zwei junge Frauen und ein schon etwas älterer Mann. Ein Weinen, ein Schniefen im Konzert. Umarmungen. Berührungen. Greifbare Fassungslosigkeit. Lili hat drei ihrer Geschwister gefunden. Da kann auch ich endlich meinen Gefühlsstau fluten.

Es ist eh nicht mehr festzustellen, wo die Tränen anfangen und der Schweiß aufhört. Die Vermutung dürfte nicht falsch sein, dass die Temperaturen in der schnell stickiger werdenden Hüttenluft auf die 55 bis 60 Grad Celsius zugehen. Und jeder nachdrängende Purok-Bewohner – alle wollen sie dabei sein! – heizt das Unerträgliche noch auf.

Lili sagt kein einziges Wort – vorerst nicht.

Sie sitzt da, lässt sich zärtlich die Knie betatschen und lächelt abwechselnd selig beglückt und durchhaltend verkrampft.

Jella Villaglores, geborene Sanz, die erste Schwester, der

189

Lili vor der Hütte in die Arme fiel, schleppt ein großes Foto ihrer Mutter Veronica Sanz in schwerem Rahmen herbei. Das Bild – mit dem für Atelierfotografie so typischen Weichzeichner bearbeitet – zeigt einen unsicher in die Kamera lächelnden Frauenkopf, mittleres Alter, kurzes, kräftiges schwarzes Haar, sehr glatte Haut, sympathische Mütterlichkeit.

Lili stellt das Bild vorsichtig vor sich auf einen kleinen, von einem prachtvollen Bund Orchideen beherrschten Bambustisch und legt dann mit wiedergewonnener Besinnung los, ihre Fragen zu stellen. Auch noch so ungelenkes Englisch auf beiden Seiten verhindert nicht die Antworten auf alle drängenden Fragen. Und nach und nach werden hier und jetzt weiße Stellen in Lilis Biographie getilgt.

Seit ich acht oder neun Jahre alt war, habe ich gebetet: Lieber Gott, mach, dass meine Mutter ein Dach über dem Kopf hat, damit sie beschützt ist. Und ich bitte dich außerdem noch, dass ich sie mal sehen kann. Nun bin ich hier und kriege das alles gar nicht so richtig auf die Reihe. Dabei hatte ich mir vorhin am Strand fest vorgenommen, jede Minute ganz toll in Erinnerung zu behalten. In diesem Augenblick weiß ich nicht mal mehr genau, wie ich hierher gekommen bin.

Das sind meine Schwestern, unglaublich! Und sie erzählen mir alles, was ich wissen will (irgendeiner übersetzt, ich kriege gar nicht mit, wer) – auch wenn ich gar keinen Plan habe, wo ich mit meinen Fragen anfangen soll. Ich bin mir ganz sicher, dass ich später im Flugzeug sitze und plötzlich einen Schreck bekomme: Hilfe, du hast ja vergessen, das Wichtigste zu fragen ...

Jetzt schon kriege ich ja gar nicht mehr zusammen, was

sie mir alles erzählt haben. Aber es ist auch ein bisschen viel auf einmal, was ich mir merken muss. Ich fass es nicht, da sind schon einige Hämmer dabei:

Ich habe gar nicht acht Geschwister – sondern 20! Und das erfährt man locker so ganz nebenbei. Fünf Mädchen – die Älteste ist schon 31 – und ein Bruder – er ist 25 – sind meine echten Geschwister. Dann war mein Vater (er ist wirklich drei Monate vor meiner Geburt gestorben!) schon mal verheiratet und hatte drei Kinder, von denen der Älteste – Rolly, hier in der Hütte – jetzt 46 Jahre alt ist! (Man stelle sich das mal vor, er ist nur ein paar Jahre jünger als mein Papa!). Die drei sind also meine Halbgeschwister – oder wie man das sonst nennt. Und dann hat meine Mutter noch mal geheiratet, einen Witwer namens Bulwag (ich werde ihn diesmal gar nicht treffen, weil er mit seinem Fischerboot für ein paar Tage draußen auf dem Meer ist). Und der hat noch mal neun Kinder mit in die Ehe gebracht (auch alle älter als ich). Na ja, und dann natürlich noch Tom und Sveni in München. Uff! Ich muss das noch mal genau nachrechnen, ob es wirklich 20 sind, nicht dass ich da am Ende einen Scheiß mache. Da muss man ja einen Drehwurm kriegen.

Meine Mutter ist 54 Jahre alt, ähnlich wie meine Mami zu Hause in München. Dann war sie 37 oder 38 Jahre alt, als sie mich bekommen hat – und 23, als sie ihr erstes Kind kriegte. Eine Schwester von mir, die Joan, wenn ich richtig verstanden habe, die ist auch 23 – und hochschwanger! Ach du liebes bisschen, hoffentlich kriege ich nicht auch schon mit 23 ein Kind, das wäre ja nicht so der Hype. Aber so was ist ja wohl nicht vererbbar.

Witzig, alle meine sechs Geschwister fangen mit einem »J« im Namen an – ich habs mir aufgeschrieben, weil man sich das sowieso nicht so schnell merken kann: Juvy, Jel-

la, Jean, Joever, Joan, Janice ... nur ich, ich habe kein »J«
am Anfang ... He, aber doch, klar: Ich heiße mit drittem
Namen Josephine, alles okay! Da bin ich aber erleichtert!

Meine Mutter ist im Augenblick nicht da. Sie arbeitet als
Tischwäscherin in einem Lokal – bis abends. Und manch-
mal verkauft sie auch Essenssachen vor der High School.
Ist sicher eine harte Arbeit. Ich werde sie aber ganz be-
stimmt noch sehen, bevor wir nach Hause fliegen. Auf dem
Foto sieht meine Mutter ganz anders aus, als ich immer
dachte, doch irgendwie nett, lieb. Ob ich ihr ähnlich sehe?
Man kann das so schlecht von sich selbst sagen.

Meine Familie war für ein paar Jahre in Manila, um Arbeit zu finden. Es hat aber nicht so richtig geklappt. Sie
wohnten in dem Riesenslum Tondo – das muss wirklich
das letzte Drecksding sein. Deswegen sind sie dann nach
Bacolod zurückgegangen – bis auf eine: Janice. Sie will es
weiter probieren, ob sie nicht doch ein bisschen Glück hat.
Aber ob man das nun wirklich in Manila finden kann? Damit
schaut's dort ja ziemlich hart aus. Ich finde es ganz schön
traurig, schließlich ist Janice erst 19 und die Zweitjüngste –
nach mir also. Als meine Familie wieder nach Bacolod kam,
konnten sie natürlich nicht mehr zurück ins Steinhaus in San
Sebastian. Deswegen sind sie hier gelandet, wo alle ziemlich auf einem Haufen wohnen. Nein, klar, sie leben nicht
zusammen hier in dieser Hütte, es haben ja alle selbst eine
Familie, wie mir Jella sagt.

Sie hat so dicke Augen vom Heulen ... ob ich jetzt auch
so ausschau?

Ich glaube, die meisten meiner Geschwister sind verheiratet, und zehn oder zwölf Kinder sollen sie auch schon
haben. He, dann bin ich ja schon Tante! Und ich habe keine
Gummibärchen mehr dabei ...

Shit, jetzt habe ich doch glatt vergessen zu fragen, was meine Geschwister denn arbeiten. Die eine Halbschwester, die ja im Haus ist, hat – glaube ich – gesagt, sie wäre arbeitslos. Hoffentlich haben die anderen was zu tun, wofür sie Geld bekommen, sonst wird man ja verrückt.

Es ist so unglaublich krass: Einen solchen Tag werde ich in meinem ganzen Leben nicht mehr haben! Familie finden, Tante werden – bei mir in der Schule werden sie sich überhaupt nicht mehr einkriegen.

Ich glaube, meine Mutter fällt heute Abend vor Schreck um, wenn sie mitkriegt, was hier los war. Hoffentlich nicht! Sie sollen es ihr bitte schonend beibringen.

Wie soll ich jemals in zwei Tagen das alles in mein Hirn kriegen, damit ich es zu Hause auch korrekt erzählen kann? Ich bin ja noch nie ein Gedächtniswunder gewesen. Ich muss nachher unbedingt die Mami anrufen, wenn es bei ihr in Deutschland Mittag ist. Die kann dann die wichtigsten Sachen für mich behalten.

O Gott, es ist gut, dass man in meinem Alter noch keinen Herzinfarkt bekommt ... Oder kann man?

Es ist eindeutig: Lili wird plötzlich alles sehr eng. Sie sieht aus wie jemand, der in der falschen Schlange steht. Die vier auf der Bank haben fürs Erste auch ihr Pulver verschossen, machen einen erschöpften Eindruck. Und es drängen immer noch mehr lärmend in den Raum, um einen freien Blick darauf zu bekommen, wie hier die Gefühle verarbeitet werden.

Ich bin mir sicher, dass sich in diesem Purok des Übereinander-Untereinander-Durcheinander tagtäglich so manch ungewollte Inszenierung abspielt. Aber nicht mit diesen exotischen Darstellern wie jetzt – sogar eine echte »Langnase«

ist dabei, ein »Joe«, wie in Bacolod und weiten Teilen der Philippinen alle europäisch oder amerikanisch aussehenden Männer genannt und gerufen werden.

Lili meldet sich bei mir: »Papa, ich habe dich noch gar nicht richtig sprechen können seit … du weißt schon, seit wann. Bitte setz dich ein bisschen zu mir … Oh, du hast auch geheult, das ist schön. Ist meine Wimperntusche verschmiert?«

Wenn alles lauter wird, müssen die leiseren Töne wahrgenommen werden. Falls ich Lili da nicht sehr bald raushole, platzt sie. Garantiert.

Nur: Wie schaffen wir einen vernünftigen Weg, Lili mit ihrer Mutter zusammenzubringen? Wir können unmöglich noch stundenlang in der Hütte warten. Nach Einbruch der Dunkelheit wäre es für Fremde wie uns schon gar nicht angeraten, diesen Purok zu betreten. Genauso wenig können wir jetzt zu Victoria Sanz' Arbeitsplatz fahren und ihr sagen: »Hallo! Übrigens: Das hier ist Ihre Tochter Lilian Marie Josephine. Wissen Sie noch? Die sie damals weggegeben haben …« Wir trampeln schon so genug auf ihren Gefühlen herum.

Also muss ein einigermaßen vernünftiger Plan her. Und die Eingebung muss möglichst schnell vom Himmel fallen. Morgen ist unser letzter Tag in Bacolod. Bis morgen Abend hat dann auch Lilis Mutter wenigstens ein bisschen mehr Zeit, sich auf das nicht Leichte seelisch einzustellen, zumindest ein bisschen. Dennoch: Der menschliche Faktor, viel beschworen, bleibt ziemlich auf der Strecke.

Ich drehe mich zu Jella um, die mich gleich noch einmal unter erneuten Tränen in ihre Arme schließen muss, was bei den Zuschauern in der Hütte ein reichliches Gejohle auslöst. »Was halten Sie davon, wenn wir uns morgen Abend

alle im ›Apollo‹ treffen?« Ein China-Restaurant, in dem
Lili, Salvi und ich ein paar Tage zuvor gegessen hatten.

Unsicher gestellte Frage: »Kennen Sie das ›Apollo‹?«

»Ja, das ist doch nahe der Burgos und Galo Street ... um
wie viel Uhr?«

»Egal ... 18, 19 Uhr? Gut: sagen wir 19 Uhr! Ich bitte
Mrs. Santander, zwei Jeepneys zu schicken.«

»Danke. 19 Uhr. Und wer soll dabei sein?«

Das hatte ich jetzt völlig vergessen. »Na, alle.« Mein Blick
fällt auf die drängende Schar der Voyeure. »Ich meine alle,
die zur Familie gehören. Das werden wohl so 20 oder 25
sein, oder? Ich werde zwei Tische bestellen. Und, bitte, sagen Sie Ihrer Mutter einen herzlichen Gruß, Sie möchte uns
wegen des Überfalls nicht böse sein. Und dass wir uns sehr,
sehr auf sie freuen.«

Ich schreibe Jella die Telefonnummer von Salvi und der
Jalandoni-Villa auf. Falls noch Fragen sind, damit wir im
Kontakt bleiben können.

Lili ist schon aufgestanden. Umarmungen. Feuchte Augen (so viel Wasser hat der Purok wohl noch nicht mal in
der Regenzeit gesehen).

Noch ein paar Fotos draußen vor der Hütte. Lili hält das
gerahmte Bild ihrer Mutter in den Armen. Es sieht reichlich
merkwürdig aus. Lili, die mir so vertraute Lili, in einem so
unvertrauten Ambiente.

Dann treten wir in der Prozession der uns Begleitenden –
und wer in dieser »squatter area« hätte sich das nehmen lassen? – den Rückzug an. Erstaunlicherweise hält auch diesmal der Holzsteg mein Körpergewicht aus. Zur Gewohnheit
sollten wir uns diesen Härtetest aber nicht machen.

Lili ist von Rona und Josephus flankiert, die sich beide
die ganze Zeit mit Feingefühl im Hintergrund aufgehalten

hatten. Ich bekomme Geleitschutz von den Mitgliedern der Familie Sanz, damit ich nicht doch noch Bekanntschaft mit der Jauchebrühe mache – oder mir etwa einer dieser ungezählten Hunde des Purok an die Khakihose pinkelt.

Irgendwie sind wir ja schließlich verwandt. Na klar. Oder?!

Bevor wir die letzten Steinstufen hoch zur Straße nehmen, gibt es noch eine weitere »Familienzusammenführung«. Joan Bacos, 23, hochschwanger, stellt sich Lili mit einem wunderschönen großen Lächeln in den Weg und deutet mit dem rechten Zeigefinger auf sich: »Sister.« Als sie vom Einkauf zurückkam, erreichte sie sofort das Neuste von der Purok-Providence-Nachrichtenbörse.

Schwester Nr. 3 also. Drücken, Herzen, Quetschen. Lilis gerade mal wieder leicht abschwellende Augenlider quellen erneut auf. Sie ruft auf Deutsch um Hilfe: »Hast du noch ein Taschentuch für mich?« Meine Güte, die zwei sehen sich bisher noch am ähnlichsten ...

Mehr ist im Augenblick nicht drin. Lili bekommt von der drängenden Menge, vom Erlebten, von diesem engen Showroom der Gefühle klaustrophobische Anwandlungen, was Jella und Joan mit gutem Gespür merken und die Schwester energisch ein paar Stufen weiter hochbringen, von wo sie dann alleine schnell zum Auto geht.

Winken, bis unser Auto über die lange Brücke verschwindet. Zurück bleibt auf beiden Seiten die Tatsache, dass noch niemand so richtig etwas begriffen hat.

Wir alle sinken erschöpft in die Polster. Salvi, die die ganze Zeit im Auto geblieben war, hat gegen ihre sonstige Gewohnheit keine schnellen Fragen gestellt. Sie behält Lili im Auge, liebevoll, besorgt, sich selbst vieles fragend – ohne jetzt gleich auf eine Antwort aus zu sein. Erst nach drei, vier

Kilometern beginnt sie, von Mrs. Santander ein paar Informationen abzuflüstern.

Lili hat sich genau hinter mich gesetzt, eingerahmt von Josephus und Rona. Sie weiß mit ihrem kleinen Ich das Ganze noch nicht zu handhaben. Hörbare, fühlbare, greifbare Stille.

Dann wachsen Lilis beide braunen Arme zu mir rüber, schlingen sich um den Hals, drücken in Höhe des Kehlkopfes sanft zu. »Du kannst dir nicht vorstellen, wie irre glücklich ich bin. *Ich habe es getan.* Und ich bin stolz auf mich, dass ich so tapfer war, oder? He, und der Papa schaut jetzt aus, als wenn ihn ein paar Wasserbüffel überrannt hätten.« Es sprudelt nur so aus ihr heraus.

Sie legt ihren Kopf an meinen. »Jetzt weiß ich endlich, wer meine richtige Mami ist.«

Es genügt mir nicht mehr, sie im Innenspiegel sehen zu können. Ich drehe mich vorsichtig um, damit ich ihr Bedürfnis nach Haut und Haaren nicht verscheuche: »Ja, mein Schatz. Und morgen Abend siehst du sie endlich.«

Lili lächelt: »Das meine ich jetzt nicht. Meine Mami ist in München.«

Ich gebe zu, dass ich in meinem ganzen Leben noch nie so geschluckt habe, um ja keinen Gefühlsausbruch hochkommen zu lassen. Aber der Speicher müsste eh langsam leer sein. Und gleich meldet sich wieder das verdammte Gewissen: Das darf doch hier aber jetzt kein Wettbewerb werden zwischen *richtiger* Mami und *eigentlicher* Mutter – oder was da sonst noch an feinen Unterscheidungen unterwegs ist. Es kann doch nicht sein, dass jemand glaubt, die Nase vorn haben zu müssen.

Weiter komme ich mit diesen Gedanken nicht. Lili lässt auf einmal einen Riesenjuchzer à la bayerischer Urschrei

Marke Wendelstein los. Nach dem ersten Schrecken fällt von allen in diesem Auto die Beklommenheit, das Zurückgehaltene ab. Salvi erlaubt sich erst ein schiefes Lächeln und dann einige Tränen. Suzette Santander röhrt ihr tiefes Lachen. Josephus stopft sich unter komischen Grimassen die Finger in die Ohren, weil Lili und Rona nun in Überlautstärke ein Lied herausbrüllen. Wenn ich nicht irre, müsste eine gewisse Britney Spears dafür Schmerzensgeld verlangen.

Es bleibt mir wohl nichts übrig, als mich an diesem frohen Tohuwabohu zu beteiligen. Lautstark suche ich nach einer Melodie, der sogar ich folgen könnte. Doch Lili hält mir schnell den Mund zu. Papa muss nicht auch noch singen. Für heute hat dieser Planet genug gelitten.

15. Kapitel

Liebes Tagebuch (Lieber David!), ich mach mal weiter in meinem Gedächtnisprotokoll – wenn ich das alles noch so richtig zusammenkriege. Was für ein Tag, dieser Tag da bei meiner Familie (wie sich das anhört)!

Es mag zwar hirnrissig sein, aber nun habe ich ein bisschen Angst, dass ich im Selbstbedienungsmarkt bei »Lopuez« gegenüber von Villa Valderrama auch alles finde, was ich brauche, um am Abend in Salvis Küche Pfannkuchen zu machen. Ich habe zum Dankeschön-Essen schließlich ganz viele eingeladen, die mir die Ferien hier so toll gemacht haben – und blamieren will ich mich nun wirklich nicht.

Es ist der Wahnsinn, seit heute Nachmittag fühle ich mich, als ob ich gar nicht mehr mit den Füßen auf die Erde käme …

Rona und Josephus stehen mit mir in der Küche und sehen zu, wie ich das Essen vorbereite. Was werde ich ohne die beiden machen? Sie müssen unbedingt mal nach München kommen, ich habe es ihnen schon angekündigt. Josephus ist vorhin, als wir noch im Purok waren, zu mir gekommen und hat gesagt: »Lili, ich kann es nicht ertragen, wenn du weinen musst.« Er ist wirklich zu süß. Aber mehr so in der Art großer Bruder. Tom und Sveni

würden ihn auch mögen, denke ich. Bei David bin ich mir
da nicht so sicher. Er ist so schrecklich eifersüchtig. Muss
er auch sein, denn wenn ich mich hier so umsehe, dann
weiß ich: Wir Philippinas sind ganz hübsche Mäuse. Und
wenn ich die neuen Schuhe von »Robinson's« anziehe, die
mit dem Mörderabsatz, dann bin ich auch gar nicht mehr
so klein ...

Tita Salvi – ich hab mir das mit dem »Tita« richtig an-
gewöhnt – ist zu uns in die Küche gekommen, und nun
fragt sie mich ganz vorsichtig aus über alles, was bei meiner
Familie geschehen ist. Die behandeln mich, als wenn ich
krank wäre, aber jetzt finde ich das doch eigentlich eher
lustig. Sonst steh ich ja nicht so sehr darauf.

Die meisten Antworten nehmen mir Rona und Josephus
ab, weil ich nicht zwei Sachen zur gleichen Zeit machen
kann. Aber die beiden haben gut hingeschaut und hin-
gehört, denn alles, was sie Salvi sagen, stimmt. Sie sind
so lieb: Sprechen kein Wort Ilongo, weil ich das nicht ver-
stehe, sagen alles auf Englisch. Ich könnte ihnen stunden-
lang zuhören. Ist schon komisch, seine eigene Geschichte
so von anderen zu hören. Salvi hat zwischendurch mal
wieder geweint, ziemlich heimlich. Jetzt muss aber mal wie-
der Schluss sein mit der Heulerei, Bacolod war bisher so
unheimlich schön und lustig.

Ich glaube, wenn ich nächstes Jahr in den großen Fe-
rien wieder hierher komme, dann möchte ich ganz in Salvis
Haus wohnen. Hier ist immer so viel los, die tollen Kinder,
die Mädchen im Büro wie Sharon oder Jezil oder Vita oder
Julie Lamela. Hoffentlich sind mir dann Agnes und Mae und
Jed nicht böse. Es war ziemlich blöde, am Anfang so viel
Angst vor Salvis Haus zu haben. Es ist so unglaublich cool
hier, weil das echtes Leben ist, würd ich mal behaupten.

200

Vorhin habe ich noch mit Marie Pauline gesprochen. Ich habe ihr gesagt, dass sie noch zwei Jahre warten soll, bevor sie ihre Eltern suchen geht, die irgendwo im Süden von Negros leben. Aber dann soll sie es tun, es macht einen unheimlich glücklich, wenn man das geschafft hat.

Verdammter Mist! Jetzt weiß ich nicht mehr genau, wie viele Eier ich nehmen muss. Mamas E-Mail habe ich drüben in Agnes' Haus vergessen. Ich bin wirklich eine alte Schlampe. Und die richtigen Pilze für die Sauce haben wir auch nicht gefunden. Diese hier schauen etwas arg wabbelig aus ...

Gegen 21 Uhr lassen wir uns vom Fahrer zur Jalandoni-Villa bringen. Lili ist platt auf allen Reifen. Die Pfannkuchen – auch wenn sie etwas zäh geraten waren – haben alle begeistert. Samt der »Pfifferlinge« und einer kräftigen Käsesauce. Die Asiaten haben immer schon sehr darauf geachtet, dass andere nicht ihr Gesicht verlieren. Lili, sonst eine ebenso gute wie leidenschaftliche Köchin, weiß selbst, dass ihre Pfannkuchen an diesem Abend wohl nicht zum Leibgericht von Bacolod ausgerufen werden.

»Ich hab's etwas verbauert, aber bei mir ging so vieles durcheinander«, entschuldigt sie sich. Ich finde: Selten hat jemand eine so plausible Entschuldigung gehabt.

Agnes, durch Termine verhindert, zum Dinner zu kommen, nimmt Lili unter ihrer Haustür mit offenen Armen in Empfang, deren Spannweite auch noch für den Rest der Welt gereicht hätte. Selbstverständlich hat sie sich tagsüber über die einzelnen aufregenden Stationen informieren lassen. Dank Salvi und ihrer Handy-Leidenschaft.

Agnes sagt: »Now you have found your missing link, Lili!« Typisch Agnes, immer die richtigen Worte zu finden: *Nun hast du das fehlende Glied in deiner Kette gefunden …*

Lili sieht aus, als wäre sie kurz davor, an Agnes' Busen glücklich einzuschlafen, doch plötzlich reißt sie sich los. Im Fortlaufen ruft sie nur noch: »Darf ich mal telefonieren? Ich darf doch, oder?« Eine Antwort erwartet sie gar nicht.

Lili ruft ihre Mami an. In München ist jetzt früher Nachmittag.

»Mami? Mami, ich habe es getan …« Sie sagt es so leise in die Muschel, dass sie es wiederholen muss, etwas lauter.

»Mami … Wie: was?… Ich war bei meinen Geschwistern! Meine Mutter war nicht da, ich seh sie aber morgen Abend.«

»Mami, es ist so irre: Alle haben plötzlich für mich ein Gesicht. Es ist so … so … Ich weiß nicht.«

Lili holt tief Luft, als müsse sie ihren Akku neu aufladen.

»Mami, *Mami,* hör mir doch erst mal zu, es ist ganz wichtig: Ich habe dich so lieb.«

Ich fürchte, jetzt »regnet's« heftig in Bayern. Und zwar aus den Augen.

»Was ist denn, Mami? Sag mal, bist du denn jetzt nicht total furchtbar stolz auf deine Tochter?«

Mehr bekomme ich von diesem Telefonat nicht mit, denn Lilis Augen bitten mich rauszugehen. Ein Frauengespräch, da habe ich nichts zu suchen.

Als wir beide im Bett liegen, richte ich mich auf ein längeres Gespräch ein. Lili legt auch gleich los.

»Meine Schwestern haben mich heute Nachmittag so doll gequetscht. Jetzt weiß ich, woher ich all die Kraft hab. Und morgen gibt das blaue Flecken, garantiert.«

»Das lässt sich doch an einem solchen Tag verschmerzen, oder?«

»Klaro. Findest du meine Schwestern eigentlich hübsch?«

»Oh, bestimmt. Und sie sind dir auch sehr ähnlich.«

Ich überspringe einfach mal das eitle Solo, das Lili nun hinlegt.

Schließlich fährt sie fort im Text.

»Kannst du mir sagen, Papa, warum meine Familie so arm ist?«

»Ich weiß nicht, ob ich das kann, aber es gibt so unglaublich viele, die das Glück nicht getroffen hat. Weißt du, diese Insel war einmal ganz besonders reich, weil überall Zucker angebaut wurde. Das gab genug Arbeit für alle. Und dann ist der Zuckerpreis in den Keller gestürzt. Es hat nicht lange gedauert, bis Arbeitslosigkeit und Hunger herrschten. Wir machen uns davon ja keine Vorstellung.«

»Aber man kann doch immer irgendwas arbeiten, meinst du nicht?«

»Wir sollten da nicht so schnell urteilen, Kleines, weil wir nicht am eigenen Leib spüren müssen, was Armut wirklich bedeutet.«

»Ich will ein Stück Land für meine Familie kaufen. Geht das?«

»Klar, wir werden das schon in Angriff nehmen. Erst sammeln wir Informationen, und dann sehen wir weiter, wie wir loslegen können und wo wir ansetzen müssen.«

»Aber gleich, ja?«, drängt sie unter Gähnen.

»So bald wie möglich, Lili. Aber es macht keinen Sinn, den zweiten Schritt vor dem ersten zu tun. Wenn es dich beruhigt, kann ich ja bei Salvi erst mal ein bisschen Geld deponieren.«

»Nein«, kommt es ziemlich heftig. »Das möchte meine

Familie nicht, glaube ich. Lass uns lieber was machen, was lange vorhält. Was kostet denn ein Haus hier in Bacolod?«

»Das kommt darauf an wo und wie.«

»Ich werd morgen Mae fragen, der kennt sich da sicher aus. Sag mal, ich kam mir heute Nachmittag im Purok ganz bescheuert vor mit Gucci-Sonnenbrille und den ganzen Markensachen und so, war das sehr schlimm?« Unser Silver-Spoon-Kid!

»Ich glaube nicht, dass die anderen so sehr darauf geachtet haben, was du anhast.«

Ich nehme an, es klingt nicht sehr überzeugend, deshalb füge ich hinzu: »Wichtig war ihnen, dass du sie besucht hast.«

»Meinst du, meine Mutter hat jetzt Angst vor morgen Abend?«

»Ja, sie wird Angst haben, mächtig viel Angst, das kann man nicht verhindern. Sie heult bestimmt, und wahrscheinlich ist ihr ganz schlecht. Und dann wird sie so glücklich sein, wie du es jetzt bist.«

»Meinst du, ich kann sie fragen, warum sie mich weggegeben hat?«

»Ja, wenn dir danach ist, sicher.«

»Wärst du eigentlich sehr traurig, wenn ich morgen Abend beim Chinesen nicht neben dir sitze?«

»Ach was, ganz bestimmt nicht.«

»Und wir kaufen bestimmt ein Stück Land?«

»Habe ich doch schon gesagt. Wir werden uns am besten mit Mae zusammensetzen, Lili. Und wir müssen erst mal mit deiner Familie reden. Aber schön eines nach dem anderen, Lililein, nicht wahr? ... Lili?«

Doch Lili ist schon abgetaucht in irgendeinen Traum.

Die beiden weißen Elefanten im Arm, die für alle Gefühle herhalten müssen.

Mir fällt wieder ein, dass Lili und ich heute Morgen schon beim Frühstück ein wenig gefeiert hatten: Heute ist der 9. September, der Geburtstag von unserem Sven – und ein bisschen ja nun auch von Lili Mondauge.

16. Kapitel

Unser letzter voller Tag in Bacolod. Morgen Mittag geht die Maschine nach Manila. Übermorgen fliegen wir zurück nach Deutschland.

Schon früh am Morgen bekommt Salvacion Tinsay einen Anruf von einem in Bacolod bekannten Discjockey: Lilis Mutter Veronica Sanz hätte bei ihm des Öfteren sauber gemacht – und nun habe er, es spricht sich ja so schnell herum, von Lili und ihrem Besuch gehört. Ob dem Mädchen denn klar sei, so der »DJ«, dass es nun ordentlich Geld zahlen müsse, da es nun mal in besseren Verhältnissen lebe als ihre Familie. Am besten solle Lili das über ihn tun, er würde dann die Geldscheine schon an die Richtigen weiterleiten, absolut vertrauenswürdig. Ach ja, und eine Frage hätte er noch: Ob denn damals alles ganz legal gelaufen wäre mit den Adoptionspapieren für Lili, sonst könnte man ja auch Schwierigkeiten bekommen, er meine ja nur mal so ...

Salvi ist noch höchst aufgebracht, als sie mich kurze Zeit später über diesen Anruf informiert. »Dieser gemeine, schmierige Kerl, was erlaubt er sich. Aber es zeigt nur, wie vorsichtig man in Bacolod mit solchen Dingen umgehen muss. Ihr lebt nicht hier und könnt es nicht verstehen –

aber wenn irgendwo ein Peso zu holen ist, dann gibt es sofort zehn Leute, die um ihn kämpfen, selbst wenn sie mit der ganzen Sache nichts zu tun haben. Damit wir uns richtig verstehen, Jens, ich meine jetzt nicht die Armen, die das Geld bitter nötig haben, um was zum Essen zu kaufen – nein, es sind diese wohlgenährten Schmarotzer, die sich auf die Not der anderen draufsetzen und ihnen auch noch den letzten Schein abjagen, weil sie absolut ohne Mitleid sind, völlig charakterlos.«

Ich habe Salvi schon mit mächtig Wut im Bauch erlebt – beispielsweise wenn im Provincial Hospital die Kinderstation wieder einmal derart vor Dreck starrte, dass sie, ein Bazillen-Herd, zeitweilig geschlossen werden musste. Oder wenn einer ihrer taubstummen Schützlinge von Wildfremden wieder einmal eine Ohrfeige bekommen hatte, weil er auf eine Frage keine Antwort geben konnte. Doch derart außer sich wie jetzt habe ich sie noch nie gesehen, was sie auch gleich begründet: »Es läuft bei uns vieles schief – das ist aber wohl in vielen Ländern so. Doch diese Miserablen, denen es nicht darauf ankommt, Hungernden noch den letzten Peso zu klauen und sich an das Unglück anderer hängen – die sind dafür verantwortlich, dass wir bei uns in Bacolod die Misere nicht in den Griff kriegen. Es schreit zum Himmel«, sagt sie, die sich privat die Freundschaft gleich zweier Bischöfe gesichert hat, »wir sollten diese Verbrecher von der Insel jagen.«

Schließlich bittet mich Salvi um Verständnis, dass sie uns heute Abend nicht ins »Apollo« begleiten wird. »Ich bin hier ziemlich bekannt, wie du weißt. Irgendjemand würde mich dann wochenlang mit Bettelbriefen bombardieren und unserer Arbeit für die Kinder im Wege stehen. Ich muss mir solche Parasiten vom Leibe halten.« Sie lässt

208

offen, wen sie damit meinen könnte – aber der schnelle Anruf des Discjockeys hat sie aufgeschreckt.

Auch Agnes erklärt später, dass sie lieber daheim auf unsere Rückkehr wartet: »Glaube mir, um sich hier ganz auf die Arbeit für benachteiligte Kinder konzentrieren zu könne, muss man manchen Schritt tun, den Nicht-Philippinos wie du nicht so ganz einfach nachvollziehen können.«

Dann bekomme ich einen Kuss auf die Wange. »Geht mit Gott. Mae und ich haben beschlossen, lieber in unserer Kirche für Lilis großen Tag zu beten.«

Ich bitte Bebol und Mrs. Santander, die beiden ausgebildeten Sozialpädagogen, uns an diesem Abend zu begleiten. Sie sagen sofort zu. Lili erfährt von alldem nichts, es würde sie nur verunsichern.

Als ich sie spät am Vormittag wecke, muss mir Lili gleich von ihrem Traum erzählen, bevor die Bilder wieder in den Hintergrund treten: »Ich habe geträumt, dass du mir heute Nacht meine beiden Stoff-Elefanten gestohlen hast. Und ich bin hinter dir hergerannt …«

Na, fein. Ich müsste wohl einen Psychologen bemühen, um herauszufinden, wie dieser Traum im Zusammenhang mit den aktuellen Geschehnissen zu deuten ist.

Beim Frühstück im Garten sieht mir Lili lange zu, wie ich mich wieder mal über einen ganzen Korb voll mit Mangos hermache. »Es ist doch irre, was wir hier alles kriegen – und bei uns kosten die Dinger«, sie weist auf die strahlend gelben Früchte, »die Hölle und schmecken nicht einmal richtig süß.« Dann erst rückt sie mit dem eigentlich Gemeinten raus: »Hast du nicht auch manchmal so ein beklopptes Gefühl, wenn sie uns hier hinten und vorne bedienen? Ein bisschen unanständig ist das schon.«

Es ist mir klar, was hinter diesen Worten steckt. Lili

durchlebt hier die Tage in ständigen Wechselbädern der Gefühle – gestern die Hütten in Sum-ag, heute wieder das feudale Ambiente der Jalandoni-Villa. Es ist kein Wunder, dass sie da – wie Salvi sagt – »mixed up« ist und sich immer öfter neben der Spur wiederfindet. Es wird Zeit, dass wir heimkommen und sie wieder auf einigermaßen normalem Gleis läuft. Nicht mehr »Miss VIP« und schon gar nicht mehr die Ausgewurzelte auf der Suche. Mindestens Bodennähe, ja, eher sogar feste Erdung – das gehörte immer zu Lilis stärksten Eigenschaften.

Aber so viel ist auch sicher: Zweifel haben ihr auch gut getan. Hätte sich bei ihr der Eindruck festgesetzt, dass Bacolod eine exotische Wundertüte mit paradiesischem Inhalt und einigen kleinen Schönheitsfehlern ist, wie hätte sie verstehen lernen sollen, was hier mit ihr vor 16 Jahren passiert ist?

Ich frage sie so beiläufig wie möglich. »Wie ist das mit heute Abend? Freust du dich? Hast du auch Angst?«

Lili sieht so stur auf ihren Teller, als gäbe es da die Sensation des Tages zu beobachten: »Kennst du das, wenn man glaubt, dass man ständig aufs Klo muss …« Ein Satz mit wenig Melodie, sie sagt ihn ohne Fragezeichen.

Am späten Vormittag schleppt Lili ihre Freundin Rona zur Maniküre ins »L. Fisher's«-Hotel. Und eine Runde Haareschneiden »nach philippinischer Art« – was auch immer das bedeutet, mir bleibt es verborgen – gibt sie auch noch aus. Als ich die beiden Mädchen abhole, versuchen sie gerade, sich in der Spiegelung einer großen Schaufensterscheibe an den Anblick ihrer wesentlich kürzeren schwarzen Schöpfe zu gewöhnen.

»Findest du nicht, dass wir verdammt krass cool aussehen? Wie Stars?«, meint Lili und legt eigentlich auf meine

Meinung hierzu wenig Wert. Im Augenblick beobachte ich mehr, dass meine Tochter – trotz solcher Sprüche aus dem sprachlichen Unterholz – ein ganzes Stück erwachsener geworden ist. Und in diesem Urteil spielt der neue Haarschnitt keine Rolle.

Den Rest des Nachmittags streichen die Mädchen um Salvis Büro herum. Der Abschied nimmt erste Konturen an. Josephus muss gegen 18 Uhr die Fähre nach Mindanao nehmen – er hat am nächsten Tag einen unaufschiebbaren Termin in Salvis südphilippinischem »Welcome Home« Malaybalay. Er sagt: »Du glaubst gar nicht, Lili, wie gerne ich heute Abend noch dabei gewesen wäre.«

Doch. Sie glaubt es ihm.

Kurz bevor Josephus von seinem jugendlichen Damen-Fanclub zum Schiff an den Pier von Banago geleitet wird, bekomme ich von Lili ein ultimatives Mitfahr-Verbot ausgesprochen. »Du bleibst lieber weg, Papa, das gibt sowieso ein Drama, weil wir schon wieder heulen werden.« Ich zweifle auch nicht ein bisschen an Lilis Worten. Mir bleibt gerade noch, den jungen Mann aus Cebu kräftig zu umarmen – es gibt Menschen, die schaffen es in allerkürzester Zeit, zu einem unentbehrlichen Freund zu werden.

Papa hat gesagt, ich wäre heute wie ein Insekt im Bernstein. Nachdem ich mir von ihm habe erklären lassen, was Bernstein überhaupt ist, fand ich das gar nicht mal so schlecht. Scheiß-Abreise, das gibt ein so fettes Drama, man glaubt es gar nicht.

Josephus muss schon heute weg, und Rona und ich paniken. Gerade heute, wo alles so wichtig für mich ist. Ich habe seine ganzen E-Mail-Adressen und seine Handy-Nummer, aber was nützt mir das, wenn er auf dem Schiff ist? Mir wäre

*lange nicht so schlecht, wenn Josephus mitkommen könnte.
Aber Rona meint auch, da kann man nichts machen. Ums
Verrecken nicht.*

*Morgen muss ich mich sowieso von allen verabschie-
den – auch wenn ich mir das zum Teufel noch mal nicht
vorstellen kann. Wenn die alle wieder zum Flughafen kommen – und ich hab heimlich mitbekommen, dass sie schon
ein Transparent mit »Bye-bye« und so einem Killefitz im Hof
bemalt haben –, krass, das wird echt der Hammer.*

*Ich habe schon meine ganzen Sachen verschenkt, die
ich noch aus München im Koffer hatte. Ist nicht gerade
eine große Sache, weil ich mich bei »Robinson's« sowieso
fast ganz neu ausgefittet habe. Trotzdem war ich mit mir
ganz zufrieden, da ich sonst nur schwer was hergeben
kann.*

*Marie Pauline hat das meiste gekriegt, weil sie sich so
schön freuen kann – sogar mein Lieblings-T-Shirt von Gap.
Und rosa Haarspangen. Auch Laudez aus dem Office trägt
jetzt ein Shirt von mir. Sie hat sich fast einen Ast abgefreut,
als ich ihr sagte, dass ich mal mein Mädchen Laudez nennen will, weil ich den Namen so irre toll finde. Peter Max
habe ich das Furz-Kissen gegeben, dass ich so aus Gag
mitgebracht habe. Er hat damit gleich alle in Salvis Haus
erschreckt und sich dann dämlich gelacht. Rona bekommt
was Besonderes von meinem Schmuck, damit sie immer
an mich denkt. Ich könnte schreien …*

*Ich hab morgen am Flughafen trotzdem Übergepäck,
garantiert!*

*Ob ich nachher Jeans anziehen soll, wenn ich meine
Mutter sehe? Aufbrezeln tue ich mich ganz bestimmt nicht,
ich will mich nicht als feine Ziege abheben. Aber die High
Heels ziehe ich auch zur Hose an, weil ich so gerne schöne*

212

*lange Beine habe. Dann bin ich sicher auch ein bisschen
größer als meine Schwestern.*

*Als Papa und ich uns umziehen müssen, blödeln wir die
ganze Zeit. Er muss ja nicht gleich merken, wie traurig ich
bin. Sicher, ich freue mich auch auf meine Mutter, aber ich
weiß noch nicht, wie ich es anstellen soll, dass wir nicht alle
wieder so fürchterlich flennen – mitten im Restaurant. Das
habe ich nämlich satt. Und am meisten Schiss habe ich davor, meine Mutter zu fragen, warum sie das damals getan
hat. Ich meine, das mit mir. Ich weiß ja nicht, wie die Frage
bei ihr ankommt. Aber da muss ich ihr wohl ein bisschen
wehtun, weil ich das immer schon so sehr wissen wollte wie
sonst nichts in meinem Leben.*

*Bis Rona und der Wagen kommen, bin ich noch runter-
gegangen ins Fernseh-Zimmer. Auf dem Kanal von »National Geographic« haben sie einen Film gezeigt, in dem eine
Frau zum ersten Mal nach Vietnam fliegt, um da in einem
Dorf ihre Mutter zu treffen. Sie waren im Krieg getrennt worden. Blöder Zufall. Ich hab gleich ausgemacht. Das kann
ich heute wirklich nicht so gebrauchen.*

*Mist, Schmetterlinge im Bauch. Wenn mich jetzt jemand
zum Heulen bringt, dann bin ich echt sauer. Ich hab mich
nämlich schon geschminkt. Nicht zu viel, denn ich weiß
nicht, ob meine Mutter und meine Geschwister das mögen.
Sie leben eben ganz anders als ich. Aber wie ich gestern an
meinen Schwestern gesehen habe, liegt bei uns die schöne
Haut in der Familie. Ich pack es nicht: Vorgestern habe ich
noch nicht mal gewusst, wie alt meine Mutter ist!*

Die Fahrt zum »Apollo« verläuft in nervösem Schweigen.
Draußen, jenseits der einzig strahlenden Lacson Street, sozusagen der Boulevard Bacolods, wird es immer dunkler,

düsterer, je weiter wir in die »lower suburbs« geraten, in deren Labyrinth sich unser Treffpunkt befindet. Lili – die »Porzellanpuppe«, wie eine Lehrerin sie früher nannte – verbirgt ihre Zerbrechlichkeit wieder einmal hinter verschränkten Armen. Niemand stört sie in ihren gewiss nicht allzu ruhigen Gedanken.

Um 18 Uhr 48 halten wir vor dem »Apollo«, direkt neben zwei bescheiden angemalten Jeepneys, deren Fahrer uns mustern, als wären sie mit dem Grund unserers Hierseins längst vertraut. Lilis Familie ist also schon da!

Lili lässt diesmal an der Tür niemandem den Vortritt, obwohl sie sich die Höflichkeits-Standards mühsam angewöhnt hat. Zum ersten Mal wartet sie auch nicht auf Rona. Sie will den Moment, der sie gefühlsmäßig so stark in Anspruch nehmen wird, hinter sich bringen. Ich darf ihr gerade noch die hohe Glastür aufhalten.

In dem spärlich besetzten und schmerzend hell mit Neonlampen erleuchteten China-Lokal ist nicht schwer auszumachen, wo sich Familie Sanz aufhält. Ein Trupp von etwa 20 bis 25 Leuten – allesamt weiß gekleidet – hat sich an der Stirnseite des Restaurants versammelt. Der weiteste Weg für Lili Mondauge – und das nicht nur in einer Beziehung.

Lili löst die Aufgabe, wie sie all die Jahre ihr »Ding« gelöst hat: Sie rennt los und stürzt auf die Menschen zu – einer wird sie schon auffangen. Eine klein gewachsene Frau – sympathisches Äußeres, graue Keilhose, weiße Bluse, kurz geschnittenes, schwarz glänzendes Haar, runde Gesichtsform, nur angedeutet rosa geschminkte Lippen, ein Taschentuch für alle Fälle in der Rechten – tritt nach vorn und breitet die bloßen braunen Arme aus, sodass ihr der Träger der geschulterten Tasche bis zum Ellbogen rutscht. Ein knapper, für uns nicht identifizierbar aufgeheulter Satz begleitet sie dabei.

Punktlandung Lilian Marie Josephine Schumann, geborene Sanz. Das Mädchen im schwarzen T-Shirt verschwindet voll und ganz in der mütterlichen Umarmung, minutenlang, wer kommt in diesem Augenblick schon auf die Idee, die Zeit zu stoppen.

Der Priester Joe Coyle hat mir einmal Lilis Taufspruch verraten: »Was man aus Liebe zurücklässt, holt einen auch wieder ein.« Einen besseren Anlass als jetzt, daran zu denken, gibt es wohl nicht.

Lili und ihre Mutter – nun ist aus den so unterschiedlichen Lebenslinien mit den vielen Gabelungen doch eine Art Kreis geworden. Drücken, Herzen, Hätscheln, unter Tränen hervorgestoßene Worte in Ilongo, ungläubige bis stolze Blicke rauf und runter an dem Kind, dann wieder Hätscheln, Herzen, Drücken – Victoria Sanz versucht, mit der fremden Nähe zu diesem Mädchen, *ihrem* Mädchen, fertig zu werden.

Ihre Gefühle? Wer außer ihr könnte auch nur annähernd beschreiben, was in ihr all die Jahre vorgegangen ist – und jetzt wohl vorgeht. Ich beobachte alles aus einiger Entfernung, niemand möchte in diesem Augenblick die Magie des Neubeginns stören. Von meiner Tochter kann ich bei all dem nur den Hinterkopf sehen, bekomme in diesem Stadium mulmiger Gefühlsaufwallung mit, wie sie es sich gefallen lässt, immer wieder auf die Wange geküsst zu werden.

Ein erster Impuls: Gibt es jetzt etwas, womit ich ihr eine Hilfe sein kann? Nein, bei dieser endgültigen Erdung Lilis auf den Philippinen, in dem Moment, in dem Phantasien für sie Wirklichkeit geworden sind, da stehe ich mit den anderen etwas weiter weg. Viel mehr, als ihre Gefühle zu erahnen, ist nun nicht drin. Klar, auch eine Portion Eifersucht muss da im Zaum gehalten werden. Denn das kribbelt und zieht schon. Aber es schmerzt nicht.

Dann wird Lili durchgereicht zu den Geschwistern, die sie noch nicht kennen gelernt hat. Und zu denjenigen, die sie »schon« einen Tag kennt. Außerdem zu zwei Cousinen. Zu einer Tante, die sich hinterher als Arbeitgeberin ihrer Mutter herausstellt.

Ihre Körpersprache signalisiert, wenn ich mich nicht täusche, ein bisschen die Geiselhaft des Erlebten. Wie sie das alles auseinander halten soll, ist mir ein Rätsel. Jeder von diesen Menschen da vorne hat ja einen Anspruch darauf, dass sich die wieder gefundene Schwester seinen Namen gut einprägt, das besondere Geschwister-Gefühl spüren lässt, Extra-Aufmerksamkeit und liebevolles Interesse schenkt. Und das alles wird von Lili erwartet, deren Geduld meist schnelle Verfallsfristen hat. So viel steht jedenfalls fest: Lili hat keine Chance, dieses an *einem* Abend auch nur irgendwie hinzukriegen. Es kann nur ein erstes »Anwärmen« sein, den Rest muss die Zeit bringen.

Ich denke mir, wie gut, dass wir das Treffen hier in das Lokal verlegt haben. Der öffentliche Rahmen – auch wenn es sich nur um ein paar über ihren Tellern aufgeschreckte Gäste handelt – dämmt doch die Emotionen etwas ein. Es ist eine andere Fallhöhe als gestern vor und in der Hütte.

Doch ich kann sehen, dass Lilis große Gefühle sehr bald aufgebraucht sind. Nicht daran, dass ihr bei all dem Aufwühlenden kein einziger Tropfen mehr aus den Augenwinkeln rinnen mag. Nein, sie lässt sich eher apathisch, den Erwartungen entsprechend von einem zum anderen schubsen, umarmen, abtätscheln. Lässt sich »volllabern«, wie sie sagen würde, ohne auch nur irgendetwas zu begreifen.

216

Wer Lili 16 Jahre kennt, der weiß, dass sie, wenn es so eng wird, schnell ganz Gegenwehr ist. Doch mit dem Gespür für den fragilen Augenblick hat sie sich jetzt wohl eher zu durchhaltender Fröhlichkeit entschlossen, eine Rolle, für deren Darstellung sie sicherlich keine Oscar-Nominierung bekommen wird.

Das Beste, was ich jetzt tun kann, ist, zum Essen zu bitten. Zwei große, runde Tische, weiß eingedeckt, sehr dicht beieinander stehend, gilt es zu besetzen. Lilis Augen bitten Rona flehentlich, neben ihr zu sitzen – doch die kraushaarige Freundin kommt zu spät. Die Stühle an »Lilis Tisch« sind – na klar! – schneller vergeben als die Karten zur »Miss Negros«-Wahl im »Sugarland Hotel«.

Lili fügt sich, zwischen ihrer Mutter und einer Schwester zu sitzen, die sich bei ihren ausgiebigen Streichelaktionen fair ihren Rücken teilen. So sitzen dann 15 in der Runde, die alle Lili erwartungsfroh anschauen, als könne da von der fremden Verwandten jederzeit eine besondere Geste, ein guter Gedanke kommen – statt, wie tatsächlich, lediglich resignierendes Dauerlächeln. Die »Tante« wartet darauf, ihr leidliches Englisch einsetzen zu können, aber in der ersten Aufregung wollen so gar keine Fragen den Tisch queren.

Wir anderen halten die Logenplätze am Nachbartisch mit Vollblick auf die »Bühne« besetzt. Mrs. Santander und Bebol versuchen ihre Skepsis zu verbergen, ob dieses für Lili ein Abend des frohen Wiedersehens werden kann. »Erwartet nicht zu viel«, hatten sie früher am Abend gesagt, »eine richtige Nähe kann sich ja erst sehr langsam entwickeln.«

Ich hatte mir vorgenommen, Lilis direkte Geschwister zu fragen, welche Vorstellungen sie von der Existenz Lilis hatten (sie müssen ja damals mitbekommen haben, dass ihre Mutter das Baby weggab), ob sie noch manchmal darüber nachdachten, wie es der Kleinen wohl gehe. Ich verschiebe, vergesse die Fragen, denn meine Aufregung ist nicht gerade gering. Darüber hinaus möchte ich jetzt auch nicht unbedingt daran rühren, welche Umstände diese Familie zu einem solchen Schritt geführt haben. (Später, du kannst ja alles noch später fragen – so verpacke ich meine Fragezeichen wieder ins Ungewisse, hervorgeholt habe ich sie da bis heute nicht mehr.)

Ein paar entferntere Verwandte der Familie Sanz konzentrieren sich sehr bald auf die Töpfe mit dampfender Gemüsesuppe und die Platten voll Chicken wings. Ab und an kommt noch einer hinzu, von dem sich hinterher herausstellt, dass ihn keiner so recht kennt. Ein gutes Mahl, zumal gratis, ist nie zu verachten, wenn man aus dem Purok Providence kommt.

Ich lehne dankend die Einladung der Familie Sanz ab, meinen Stuhl noch drüben an den »Haupttisch« zu quetschen. Ich möchte nicht, dass meine Anwesenheit – hier bin ich jetzt der Exot – die notwendigen Gespräche bremst, was ich für wahrscheinlich halte. Es ist Lilis Abend – und der ihrer Familie.

Kurz bevor auch ich mich endlich setze, kommt Joan Sanz, die drittjüngste der Schwestern, die wir gestern an der Treppe getroffen hatten, auf mich zu und legt mir ihre Hand auf den Arm. »Ich weiß nicht, wie ich es sagen soll … Danke, dass Sie sich um unsere Schwester kümmern. Sagen Sie das bitte auch Lilis deutscher Mutter.«

Jetzt fühle ich mich doch noch bei meiner Rührung ertappt.

In einem solchen Fall hilft es ungemein, sich mit der Kamera vor dem Auge darauf zu konzentrieren, die Szenerie im Fotorausch festzuhalten. Und durch den Fokus, der all den Wirbel drum herum ausspart, ist klar zu erkennen: Lili ist jetzt Krisengebiet.

Ich habe überhaupt nicht weinen können. Kein bisschen, ich weiß auch nicht, warum. Es ist ganz schön bescheuert, denn die anderen haben bestimmt darauf gewartet. Wahrscheinlich habe ich gestern so viel geflennt, dass heute einfach nix mehr kommt.

Gestern war wirklich voll der schönste Tag.

Meine Mutter heult umso mehr, sie hat mich ja auch jetzt zum ersten Mal gesehen. Ja, ich sie auch, aber gestern war schon das Treffen mit den Schwestern, da konnte ich bereits mal abladen, puh!

Was mir zuerst auffiel: Meine Mutter hat eine ganz weiche Haut, ich sag ja, das liegt bei uns eben in der Familie. Und sie trägt ihr kurzes Haar sehr hübsch und ein Kleid, das ihr gut steht – nein, es war doch eine weiße Bluse. Und Hosen, glaube ich. Scheiße, ich hätte mir das gleich aufschreiben sollen, jetzt kann ich warten, bis die Fotos entwickelt sind.

Ich habe zuerst bei meiner Mutter nach einer Ähnlichkeit mit mir gesucht, aber nicht so viel gefunden. Das ist wohl kein Wunder, denn ich habe ja einen chinesischen Vater – und meine Mutter nicht. Ich glaube, sie hat mir die hohen Backenknochen vererbt, wenn überhaupt, Gott sei Dank nicht die kleine breite Nase der Philippinas, das wäre nicht so der Hit.

Ich würde meine Mutter gerne fragen, woran mein Vater gestorben ist – und ob sie ein Foto von ihm hat. Aber ich glaube, das kann man beim ersten Treffen noch nicht machen. Ich will ja nicht gleich was Falsches tun – und meine Familie kriegt dann einen Schock fürs Leben.

Meine Mutter hat mich gleich viel gestreichelt. Das kann ich schon verstehen, denn ich bin wirklich total die hübsche Maus (he, einer muss es ja sagen!). Es war mir auch nicht unangenehm, nur eben krass fremd. Aber alle wollten mich an den Po fassen, ich check das auch nicht, warum. Besonders prickelnd fand ich das jedenfalls nicht.

Das Blöde ist, man kann sich ja nicht einfach einreden: Das ist nun deine Mutter, die hat dir mal das Leben geschenkt. Das ist natürlich so, aber du brauchst schon eine ziemliche Zeit, um das in den Kopf zu kriegen. Da geht nichts ratzfatz. Doch ich habe sie so viel streicheln lassen, wie sie wollte. Und dann hat sie mich auch noch auf ihre Knie gesetzt. War auch ganz okay (nein, eigentlich war das nicht schön, ganz fremd!).

Meine Schwestern haben zuerst viel mit mir gelacht: Du hast aber ein schönes Halstuch, was für ein Parfüm ist das, hast du immer so hochhackige Schuhe? Was uns eben so anturnt. Nur mein Bruder Jovy, der mir genau gegenübersaß, sagte zuerst nichts, gar nichts. Das fand ich total schade, denn er sieht unheimlich nett aus, hat ein kleines Bärtchen, ist der Dünnste von allen und hatte ein Poloshirt an, das ihm ganz gut steht. Er schaute mich die ganze Zeit an, so lieb, aber wir saßen zu weit auseinander, weil der runde Tisch sehr groß war. Verdammt schade.

Was mich gleich erstaunt hat, war, dass meine Schwestern fast alle ein Handy haben und ständig damit rumfummeln müssen (zwei sind sogar mal rausgelaufen, weil ein Anruf kam). Bei Robinson's kostet so ein Ding mindestens 40 000 Pesos oder so ähnlich. Wenn ich arm bin und keine Arbeit habe, aber einige Kinder – wie kann ich dann mit 'nem Handy rumlaufen? Und die eine Schwester neben mir – die, die immer »Hey« sagt, weswegen ich sie »Miss

Hey« nenne – hat ganz klar nach Tommy Girl geduftet, ich kenn das Parfüm aus meiner Schule.

Ich meine, mich geht das ja nichts an, aber gewundert habe ich mich schon. Und dann musste ich mich auch noch sehr schnell ärgern. Plötzlich kam eine im gelben T-Shirt auf mich zu – ich weiß gar nicht, ob das so eine richtige Schwester von mir ist – , die hat mir in ziemlich heftigem Ton gesagt: »Lili, deine Familie ist arm. Du musst jetzt eine Menge für deine Mutter tun – und deine Schwestern. Das ist jetzt deine Verantwortung.« Die anderen haben das voll mitgekriegt. Und kurz darauf fingen alle davon an: Lili, ich kann das und das brauchen. Lili, ich habe fünf Kinder und keine Arbeit – nun musst du was tun. Oder: Lili, wir brauchen neue Klamotten.

Ich finde das so voll Scheiße, sofort über Geld zu reden. Die können sich doch vorstellen, dass mich das verletzt. Und keine – aber auch nicht eine, selbst meine Mutter nicht –, keine hat mich gefragt, was ich in den ganzen 16 Jahren gemacht habe. Das wollte wirklich niemand wissen! Nicht, ob ich mal krank war, ob ich noch Brüder oder Schwestern habe in Deutschland oder einen Freund, welche Musik ich mag, ob das meine erste Reise auf die Philippinen ist oder ob ich schon einen Plan habe, was ich später mal werden will … Ich fand das so fett daneben. Sie hätten sich doch vorstellen können, dass ich das auch gefragt werden möchte!

Aber der Hammer war, als ich meine Mutter gebeten habe, sie soll mir sagen, warum sie mich weggegeben hat. Sie drehte sich gleich um zu der »Tante« und sprach mit ihr Ilongo. Ganz lange. Eine Antwort hat sie mir nicht gegeben.

Es kann mir doch kein Mensch sagen, dass sie mich nicht

verstanden hat – aber sie wollte nicht darüber reden, das habe ich schon gemerkt. Es kam von ihr gar nichts rüber. Ich werde sie das nie mehr fragen.

Ich würde ja glatt denken, dass ich wegen der vielen Fragerei nach Geld und so ein bisschen spinne, weil ich so aufgeregt war. Aber meinem Bruder Jovy ist es wohl auch peinlich gewesen, dass es immer nur um das eine Thema ging. Ganz zum Schluss ist er zu mir gekommen, hat mich in den Arm genommen und ganz leise gesagt: »Lili, ich will kein Geld von dir, hörst du ...« Ich fand das so süß von ihm, dass mir doch noch mal komisch wurde. Für ihn werde ich in jedem Fall etwas tun, wenn ich in München etwas Geld verdienen kann. Bei den anderen überlege ich es mir, ob ich nach heute überhaupt noch Bock habe.

Bevor wir uns zum Abschied wieder einmal umarmt haben, fragten alle, ob sie morgen noch zum Flughafen kommen können. Ich habe natürlich ja gesagt, obwohl ich Angst habe, dass mir dann nicht mehr genug Zeit bleibt, mich von den anderen wie Agnes oder Rona oder Salvi oder Peter Max richtig zu verabschieden.

Und meine Adresse wollten sie alle, auch die E-Mail. Ich mache es jetzt so: Wenn in dem ersten Brief, den ich von ihnen bekomme, etwas von Geld drinsteht, dann streike ich erst mal, das schwöre ich. Ich denke nicht daran, mich jetzt immer nur um Geld anlabern zu lassen. Wer bin ich denn? Ich kriege auch nur ein Taschengeld. Und sie sollen auch lernen, dass mich ganz was anderes bewegt. Das ist so unfair!

Irgendwie fühle ich mich jetzt, als wäre ich von einem Berg abgestürzt, ehrlich. Mir ist auch viel klarer geworden, warum Rona zu mir noch gesagt hat: Lili, sei nicht sauer, wenn was schief geht.

Ich bin gar nicht sauer, höchstens traurig. Aber eigentlich

222

*auch total froh, dass ich nun alles gemacht habe, was ich
schon so krass lange machen wollte. Und ich bleibe dabei,
was ich Salvi gesagt habe: Ich will auch mal ein adoptiertes
Baby haben, genauso als drittes Kind – das muss ich unbedingt noch mal klarstellen, bevor ich wieder nach Hause
fliege. Sie wird das schon organisieren. Aber noch hat es ja
etwas Zeit. Erst mal will ich leben.*

*Meine philippinische Familie hat dann, als wir auseinan-
der gegangen sind, den Jeepney nach Sum-ag genommen, und ich bin in die andere Richtung nach Santa Clara
gefahren. Wir sehen uns ja noch.*

Nach eineinhalb Stunden im Restaurant brechen wir auf.
Es ist ein Abend der Überforderung – so darf auch die Zeit
nicht überstrapaziert werden.

Lange habe ich Lilis Familie bei der Verabschiedung unter
dem Eingang beobachtet. Es sollte mich wundern, wenn Lili
die ganze Umarmerei in guter Stimmung überleben würde.
Zumindest haben wir in 16 Jahren die Erfahrung gemacht,
dass allzu große körperliche Nähe nicht gerade ihre Sache
ist. Mit einer Ausnahme: ihre Mama, der setzt sie sich des
Öfteren auf den Schoß und kuschelt sich ein nach Art des
Kleinkindes. Da kann dabeisitzen, wer will. (Na ja, und der
eine oder andere Knabe wird auch wohl ihre Distanz durch-
brochen haben, darf ich einmal annehmen.)

Diesmal gibt es hernach keine kollektive Jubelstimmung.

Wir sprechen auf den ersten Kilometern im Auto nicht
mehr als auf der Hinfahrt – also nichts. Obwohl wir durch
eine belebte Gegend fahren, ist es draußen stockdunkel.
Die vielen Fragezeichen, die wieder einmal stehen bleiben
mussten, glaubt man trotzdem zu sehen.

Nach und nach steigen die anderen aus. Niemand geht, ohne Lili schließlich noch einen Umarmungssatz dazulassen. Mrs. Santander ist ganz Lehrerin: »Du wirst lernen, dass das Leben ein Haus mit vielen Zimmern ist.« Mir fällt gerade der Roman nicht ein, aus dem sie diesen Satz entliehen hat. Aber ein anderer Satz aus dem Buch, das ich gerade lese, ist bei mir hängen geblieben: »Das Leben ist die Überwindung des Leidens.« Na ja.

Bebol hält sich an das Sachliche, Praktische: »Du kannst mir immer schreiben, wenn du etwas brauchst. Ich bin für dich da.«

Und Rona weiß schließlich, wie sie die Freundin am besten aufpäppeln kann: »Josephus hat schon dreimal angerufen, er wollte dich aber nicht stören. Er probiert es später noch einmal bei Agnes. Oh, Lili, ich fürchte, ich werde morgen Taschentücher brauchen.« Ein flaches Grinsen und ein dicker Kuss.

In der Jalandoni-Villa werden wir von den ungeduldig Wartenden in Empfang genommen: Salvi, Agnes und Mae. Lili reagiert höflich, aber unengagiert auf die Fragen, den Kern ihres Problems legt sie nicht frei. Sie überlässt es mir, ausführlicher zu werden. Salvis Sorgenfalten kann ich nicht glätten. »Es wird Zeit brauchen, bis Lili begreift, dass man in ein paar Tagen nicht mehr als nur einen Kontakt finden kann ... auch zur eigenen Familie.«

Salvacion Tinsay hat sich – solange ich sie kenne – immer beklagt, dass es zu viele Mauern gäbe und viel zu wenig Brücken. Auch in ihrem Land.

Agnes sagt: »Ich werde Lili einen kleinen Brief schreiben, damit sie besser versteht.«

Nach fünf Minuten verabschiedet sich Lili, sie sei müde. Das Telefon, durch das sie gestern Abend ihrer Mama in Deutschland die Jubelstimmung geschickt hat, bleibt unbeachtet. Ich nutze Lilis Abwesenheit, um daheim zu berichten. Soldis erster Satz: »Wie soll sie denn auch verstehen, die Kleine?«

Als ich ins Zimmer komme, liegt Lili schon im Bett – wieder mit ihrer Musik auf den Ohren. Sie trennt sich sofort von den Kopfhörern. Wir gehen noch mal den Abend durch. Ihre Ballaststoffe aus Gefühlen und Erwartungen hat Lili nun über Bord geworfen. Ihre Traurigkeit, ihre Enttäuschung ist fühlbar geworden. Hat sie gestern noch überlegt, was man alles anstellen kann, um ihrer Familie unter die Arme zu greifen, ist sie heute ein ziemliches Stück davon entfernt, ihr gutes Herz sprechen zu lassen. Sie schimpft jetzt und hadert: »Sie hatten doch zwei Stunden Zeit, mir alles zu erzählen, meine Familie, und mich alles zu fragen. Dieses mistige Scheißgeld immer, mich kotzt das einfach an!«

Und es stellt sich bei ihr ein Versprechen ein: »Ich will nie so werden, hörst du!« Es klingt beschwörend.

Ich versuche, Lili noch einmal klarzumachen, dass es ohne Not und Hunger wesentlich leichter ist, nicht so viel von Geld zu reden. Armut *leben* ist etwas anderes, als über Armut zu sinnen. Wir haben nie in derartigen Verhältnissen leben müssen, also können wir uns darüber auch kein gerechtes Urteil erlauben.

»Du solltest jetzt deine Meinung über deine Familie nicht so zementieren. Du musst erst ein Gefühl für die ganze neue Situation entwickeln, bisher hat es dich nur überrollt, findest du nicht? Schiebe du auch diese ganze Geldsache mal etwas zur Seite und gehe unbefangener auf alles zu, das scheint mir für die Beurteilung vernünftiger zu sein.«

Doch Kompromisse waren noch nie so Lilis Stärke. »Würde ich ja machen, aber nach *zwei* Minuten schon über Geld reden, das ist doch wirklich hammermäßig unten durch. Nee, nicht mit mir. Hast du übrigens gesehen, wie krass gepflegt meine Schwestern waren?«

»Was hast du denn erwartet, Lili, sollten sie sich lieber nicht pflegen, um eher deinen Vorstellungen zu entsprechen?«

Lili ist erschrocken, jedoch wenig bereit, jetzt etwas nachzugeben. »Das meine ich doch nicht ...«

»Was meinst du denn?«

Sie weicht aus. »Hast du gesehen, dass die eine 'ne Vuitton-Tasche dabeihatte? Fake natürlich!«

»Du musst es ja wissen. Soweit ich mitgezählt habe, hast du dir gestern hier deine dritte Handtasche gekauft.«

»Zwei. Aber das meine ich ja gar nicht. Ich gönne ihnen ja alles, ich bin doch keine arrogante Pute, aber vielleicht hätten sie das Geld gut für ihre Kinder brauchen können.« Lili legt ihren Kopf schief und kneift ein wenig die Mondaugen zusammen. »Sag einmal, Papa, zu wem hältst du denn eigentlich?«

»Zu dir, mein Schatz. Und genau deswegen möchte ich, dass du jetzt nicht alles so übers Knie brichst. Gib euch Zeit. Vielleicht magst du ja wirklich nächstes Jahr wiederkommen, und dann steht ihr schon nicht mehr so sehr unter Druck. Ihr habt doch jetzt sehr viel Zeit. Morgen fliegen wir erst einmal nach Hause.«

»Ja«, sagt sie nur und legt etwas beruhigter den Kopf wieder auf das Kissen. »Aber findest du nicht auch, dass meine Mutter mir doch wenigstens hätte sagen können, warum sie mich damals weggegeben hat?«

Ich kann Lili verstehen. Und ihre Mutter auch. »Sie hat

bestimmt eine Menge Angst vor dieser Frage gehabt. Du musst auch ihr ein bisschen mehr Zeit geben …«

»Aber du hast doch selbst gesagt: Wir fliegen morgen.« Ihre Stimme – wieder ein Messer.

»Lililein, du hast hier Freunde gefunden, und nun auch noch deine Familie. Viele gute Gründe wiederzukommen. Du musst allen etwas Luft geben. Auch dir. Besonders dir.«

Am Ende unseres langen Gesprächs sind wir uns einig, dass in den letzten beiden Tagen zumindest klarere Verhältnisse für sie geschaffen worden sind. Was Lili dennoch unglücklich bleiben lässt: Sie weiß nicht so genau, welche …

Im Moment ist ihr der Kopf, der im Allgemeinen acht Pfund wiegt, noch schwerer geworden.

Ja, die Bilder, die sie immer mit sich herumtrug, haben Gesichter bekommen. Dafür mögen ein paar Träume etwas blasser geworden sein. Und bevor sie tief einschläft, will Lili unbedingt noch eine Geschichte am Rande loswerden, die ich gar nicht mitbekommen habe:

»Nach dem Essen hat meine Mutter ein Foto aus der Handtasche geholt und mir gezeigt. Sie sagte, dass sie es immer in der Hütte aufbewahrt hätte … seit damals. Das hat die ›Tante‹ übersetzt. Auf dem Foto ist ein kleines Kind zu sehen, nicht mehr ganz Baby, mit ziemlich langen schwarzen Haaren. Meine Mutter sagte: ›Das bist du! Ich weiß noch genau – da warst du etwas älter als ein Jahr.‹ Dann hat sie das Foto gestreichelt. Das Foto zeigt nicht mich! Als mich meine Mutter weggegeben hat, war ich noch keinen Monat alt! Das hat sie total vergessen!«

Lili lacht laut auf. Manchmal lacht man auch aus Verzweiflung.

227

17. Kapitel

Der Abreisetag. Das übliche Programm: Kofferpacken. Komplettes Durcheinander. Letzte Runden im Pool. Wieso ist der Koffer so geschrumpft?

Am Flughafen. Rona bleibt im Auto sitzen und weint herzzerreißend. Salvi hasst Abschiede und leistet lieber Rona Gesellschaft. Sie schaut Lili nach, als ob sie sie gegen die Welt beschützen müsste.

Bitte nicht noch mehr Tränen. Es reicht.

Agnes hat Lili einen Brief gegeben. Im Flugzeug zu lesen. Mae streicht seine Golf-Verabredung. Jed quengelt, bis er mit zum Flughafen darf – spart ihm vier nervige Schulstunden. Martin probiert's auch – schafft es nicht.

Alle sind gekommen zum *Big hug*, der letzten Umarmung.

Die Zeit vergeht. Die Gefühle fliegen tief, überall Gebärdensprache, statt »Welcome Home« nun Good-bye. Die zwölf Kinder aus dem Haus der Salvacion Tinsay tragen ein Transparent.

Lili, you will always have a room in our house and our heart.

Wer hatte das gerade noch so blumig zu uns gesagt: Das Leben ist ein Haus mit vielen Zimmern …

Lilis ganze Familie ist da. Die Mutter schaut stolz auf sie. Juvy gibt ihrer jüngsten Schwester einen Brief mit. Lili taucht noch einmal in Drängeln und Drücken ab. Bis sie sich einen Ausweg bahnt und schnurstracks, ohne sich noch einmal umzusehen, in die Abflughalle geht, wohin ihr keiner folgen kann. Außer mir.

Die Verabschiedungszeremonie dauert kaum zwei Minuten. Die Gedanken, die auf dieser Reise erzeugt worden sind, sollen jetzt, in letzter Sekunde, nicht mehr angetastet werden. Jeder wird sie erst einmal mit zu sich nach Hause nehmen. So verschiedene Zuhause.

Die Maschine geht pünktlich.

Erst während des Fluges öffnet Lili einen der Briefe. Den von Juvy:

Liebe Schwester Lilijo,
ein herzliches Hallo für dich dafür, dass du deine Familie in deiner Heimat Philippinen besucht hast. Wie fühlst du dich, wenn du deine Mutter, deine Schwestern und deinen Bruder in ihrer Situation gesehen hast? Du hast es ja gut in deinem Leben getroffen, und deshalb …

Danach ist Agnes' Brief dran.

Meine liebe Lili,
ich bin sehr stolz darauf, dich kennen gelernt zu haben. Du bist wirklich eine wunderbare junge Frau geworden.

Weißt du, was du tatsächlich für deine Familie hier auf den Philippinen tun kannst? (Und ich meine mit Familie nicht nur deine Mutter und deine Geschwister in Sumag – nein, auch uns, Salvi, Marie Pauline, Rona …) Mach aus deinem Leben das Beste, was du kannst. Und höre die

230

schönste Musik, damit dein Leben wunderbar wird. Das ist das Einzige, was du uns allen schuldest, und womit du uns glücklich machen würdest.

In Liebe, Agnes

*

Lili hat inzwischen ihren 17. Geburtstag gefeiert. Und den 18. – mit einer großen, ausgelassenen Party. Und den 19. Sie hat ihren Führerschein gemacht. Und das Schulexamen hat sie bestanden.

Lili, so sagen diejenigen, die ihr nahe stehen, vermittelt einen glücklichen Eindruck. Wie jemand, der sich nur den Himmel als natürliche Grenze vorstellen kann. Ganz, wie es ihrem Alter zukommt.

Alles läuft für sie scheinbar in ruhigen Bahnen. Keine Veränderungen durch die Reise zu ihren Wurzeln?

Doch, die Ferien in Bacolod haben sie verändert, nicht unbeträchtlich verändert. Erwachsener ist sie nicht nur durch die Jahre geworden und – obwohl trotzige Gegenentwürfe immer zu ihrem Leben gehören werden – weicher. Niemand, der eine solche Reise antritt, kehrt als derjenige zurück, als der er gegangen ist. Es ist tatsächlich so.

Ja, Lili ist endgültig angekommen – in München. Sie konnte hier nur über den Umweg Bacolod ganz und gar festmachen, weil sie erst noch Barrieren in ihrem Kopf beiseite zu räumen hatte.

Nach ihrer Rückkehr aus Bacolod sagte sie ihrer Mami Soldi noch einmal: »Jetzt weiß ich, wer meine Mutter ist.« Und dann hat sie sie nicht mehr losgelassen – bis eben der David um die Ecke gekommen ist, na klar.

Das klingt kitschig? Sogar ein bisschen nach »gewonnenem Wettbewerb«? Ach, das kann man wohl bei einer so fragilen Sache wie einer Adoption nie ganz verhindern. Es reicht, dass wir wissen, wie gering außerhalb dieses Buches die Rolle ist, die Lilian Marie Josephines Herkunft in unserem Alltag spielt.

Was ihre Familie auf den Philippinen anbetrifft, so lässt sich Lili kaum in ihren Gefühlsbestand gucken. Nur einmal hat ihr Bewegungsmelder aufgeleuchtet, als sie während eines Abendessens sagte: »Meinen Bruder, den Jovy, den habe ich wirklich gern. Die anderen, die muss ich erst noch kennen lernen, wir haben ja Zeit.«

Eine Freundin Lilis fühlte sich einmal zu der Bemerkung herausgefordert: »Lili, du musst auch deiner Familie auf den Philippinen dankbar sein.« Dankbarkeit war noch nie eine gute Kategorie für das Zusammenleben. Das gilt für Lilis Dasein mit ihren *beiden* Familien.

Es kamen noch viele Briefe aus Bacolod – doch nur einer hatte Lilis Familie als Absender. Von dem Glück, dass man sich gefunden hat, war dort die Rede – und von der Verantwortung, dass man sich nun helfen müsse. Die Kontonummer der »Tante«, die damals im chinesischen Restaurant gedolmetscht hat, war gleich angegeben.

Gespräche über die Begegnung mit ihrer »anderen Familie in Bacolod« (O-Ton Lili) sind gegenüber Außenstehenden nicht gerade die Nummer eins. Nur das Phänomen, insgesamt 20 Geschwister zu haben, das streicht Lili gerne heraus. Sie liebt es, wenn die Menschen dann völlig verblüfft dreinschauen und zumeist um eine geeignete Bemerkung verlegen sind. Lilis Kopf-Kino funktioniert so.

Über ihre Freundschaften mit Rona, Salvi, Agnes, Josephus und den anderen kann Lili gar nicht genug sprechen. Gäbe es die Einrichtung der E-Mails noch nicht, sie müsste wohl eigens für diese umfangreichen Herzensbotschaften und ihren weiten Weg durch den Äther erfunden werden. Und Bacolod, das ist der Ort, der in Lilis Kopf einen großen, einen lebenswichtigen Platz gefunden hat. Davon sind wir alle überzeugt.

Pünktlich zu Weihnachten schickt Lili an Bebols Adresse Geld, damit diese Geschenke für die Kinder von Lilis philippinischen Geschwistern kauft. Dieses ist der Weg, den Lili sieht, etwas für ihre Familie tun zu können: sich um die Kleinsten, die Unschuldigsten zu kümmern – so gut es geht. Um jene, die nicht viel älter sind als damals ein kleines Mädchen namens (Lilian) Marie Josephine, als es von seiner Mutter weggegeben werden musste, weil sie es nicht mehr ernähren konnte.

Mit ihrer für sie typischen Energie will Lili nun sparen. Auch für ein nächstes Ticket auf die Philippinen. Sie behält sich – wie sie betont – dann wieder einmal vor, wen sie dort besuchen möchte.

Und in jeder Sekunde beginnt ihre Zukunft neu.

Danke ...

... an Lilis zwei Mütter für ihre Liebe, ihr nachdenkliches Tun, ihre Kraft, so zu handeln, dass einzig das Wohlergehen dieses Mädchens wichtig war.

... an Lilis Geschwister in Bacolod, dass sie uns unseren »Überfall« nachgesehen haben.

... an Lilis Brüder Tom und Sven, die so oft für Lili in die Bresche gesprungen sind.

... an die Menschen von Bacolod, die uns auf eine wirklich herzergreifende Art adoptiert haben.

... an die im Buch genannten Freunde in Bacolod (Salvi, Bebol, Agnes, Mae, Rona, Josephus, Suzette und all die anderen), die uns Familie geworden sind.

... an die Freunde in München, von denen jeder selbst weiß, dass er gemeint ist.

... an die Windshauser und Nussdorfer (am Inn).

... an Helmut Reinke, mit dem alles begonnen hat.

... an die Mitstreiter im Vorstand des »Bacolod Patenkinder Vereins« in München, für die ein »Danke« eigentlich nicht ausreicht. Das gilt im gleichen Maße für jeden Paten, jeden Spender.

... an Dr. Elisabeth Sandmann, die ganz einfach weiß, warum ihr hier ein besonderer Dank gebührt.

… nicht zuletzt an Karin Herber-Schlepp, die eine so engagierte, so angenehme Begleiterin dieses Buches war und ist.

Und zur Erinnerung an …
… die Benediktinerinnen Sr. Irmengardis und Sr. Maria Felix, die über 60 Jahre lang in Bacolod aus vollem Herzen das schwierige Wort »Nächstenliebe« buchstabiert haben. Wen könnte man mehr bewundern?
… Father Joe Coyle, den beeindruckenden Priester, der uns alle in seinem »Welcome Home« mit Tatkraft beeindruckte und mit Humor verwöhnte.
… Bert Tinsay, der immer an allen Ecken und Enden fehlen wird.
… nicht zuletzt: Dr. Andreas von Ferenczy, den Freund aller Freunde, der sich in Bacolod so gerne »ein Stück Demut« abholte – und den Kindern von »Welcome Home« gleich eine ganze Bibliothek hinterließ.

Noch ein paar Worte zum
»Bacolod Patenkinder e. V.«

Jetzt, da Sie Bacolod und auch seine Kinder ein wenig besser kennen, möchten wir Ihnen noch kurz den »Bacolod Patenkinder e.V.« vorstellen, von dem im Buch des Öfteren die Rede ist:

»Verdammt noch mal, tut etwas, helft!« So lautete die unverblümte Aufforderung von Uwe-Jens Schumann in der HÖRZU, als er 1979 von einer Reportage über zwei deutsche Nonnen zurückkehrte, die bewunderungswürdig versuchten, Slumkindern in Bacolod in all der Not und dem Chaos ein Überleben zu ermöglichen. Das Echo war weiß Gott nicht nur für den Journalisten ein berührendes Erlebnis – annähernd 4000 Menschen übernahmen eine Patenschaft. Die Benediktinerinnen Sr. Irmengardis Kuhn und Sr. Maria Felix konnten »ihre« Schützlinge zur Schule schicken, ihnen und ihrer Familie zu essen und Kleidung geben, ihnen in vielen Fällen ein Dach über dem Kopf besorgen …

26 Jahre ist das her – und der Verein »Bacolod Patenkinder e.V.«, eine reine Privatinitiative, existiert immer noch in München, staatlich als gemeinnützig anerkannt, immer noch ehrenamtlich geführt (ein Rechtsanwalt und ein Banker sind hinzugekommen), ohne jegliche Werbe-

kosten und mit schmalstmöglichem Verwaltungsaufwand. 11 000 Kinder sind inzwischen in Bacolod (Einwohner: um die 400 000) durch das Programm gegangen – und konnten einen Beruf ergreifen, der es ihnen ermöglicht, sich selbst weiterzuhelfen. Darüber hinaus existieren nun auch ein Tagesheim für Slumkinder, eine kleine Schule und ein Zuhause für taubstumme Kinder und eine Waisenstation.

In Zeiten bitterer Kriege und nicht für möglich geglaubter Katastrophen muss auch der »Bacolod Patenkinder Verein« um jeden Euro kämpfen, ja, betteln, um das Projekt weiterhin lebensfähig zu halten. Wenn Sie Interesse haben, sich näher über dieses Projekt zu informieren, wir geben gerne Auskunft:

Bacolod Patenkinder e. V.
Nymphenburger Str. 42
80335 München
Tel. 089 / 129 28 38
Fax 089 / 129 28 67
email: bacolodpatenkinder@arcor.de
internet: www.bacolod-patenkinder.de